चौरासी नरेश

श्री सुदिष्ट बाबा महाराज

प्रणव तिवारी

अंजुमन प्रकाशन

Title : Chaurasi Naresh Shri Sudisht Baba Maharaj

Author : Pranav Tiwari

Published By-

Anjuman Prakashan

942, Mutthiganj, Prayagraj, 211003

www.anjumanpublication.com

anjumanprakashan@gmail.com

Price in India: 250/-

Printed and bound in India.

First published by Anjuman Prakashan in 2024

Cover & Typeset by Anjuman Prakashan

ISBN : 978-81-19562-96-1

समर्पण

परम पूज्य श्री सुदिष्ट ब्रह्म देव (बाबा महाराज) के
श्री चरणों में यह कृति समर्पित

प्रेरणास्त्रोत

किसी भी भवन को बनाने के लिये चार स्तंभों की आवश्यक होती है उसी भाँति मुझे परिमार्जित करने में चार ईश्वर के प्रतिनिधियों का बहुत बड़ा योगदान है -

मेरे जीवन के आकर्षण का मुख्य केंद्र बिंदु परम पूज्य ज्येष्ठ माता एवं पिता श्री

श्रीमती ज्ञान तिवारी

श्री प्रकाश नारायण तिवारी

एवं

मेरे जीवन का आधार बिंदु श्रध्देय माता एवं पिता श्री

श्रीमती मनोरमा तिवारी

श्री श्री नारायण तिवारी

कृति पूर्ण करने में मुख्य सहयोगी

इंजी. योगेश्वर प्रसाद तिवारी

डॉ. अखिलेश्वर प्रसाद तिवारी

भूमिका

चौरासी नरेश श्री सुदिष्ट ब्रह्म "बाबा महाराज" के श्री चरणों में साष्टांग प्रणाम करते हुए अपने पूज्य प्रभु के अद्भुत न्याय, चमत्कार और लोगों पर हो रही कृपा का वर्णन इस पुस्तक के माध्यम से करने का प्रयास करूंगा यद्यपि पूज्य बाबा महाराज के चमत्कारों का वर्णन करने में मैं तो क्या कोई भी व्यक्ति सक्षम नहीं है बावजूद इसके यदि हम शरणागत भक्त बाबा महाराज जी के लीलाओं की चर्चा ना करें और उन्हें अपने शब्दों के माध्यम से ना पिरोएं तो हम लाखों भक्तों की श्रद्धा व समर्पण निरर्थक है। इसी कारण लाखों भक्तों के अंतःकरण में विद्यमान आस्था के केंद्र पूज्य श्री सुदिष्ट ब्रह्म देव (बाबा महाराज) के जीवन, लीलाओं व चमत्कारों को एक मूर्त रूप देने के लिए यह पुस्तक चौरासी नरेश श्री सुदिष्ट 'बाबा महाराज' ग्रामीणों और पूज्य बाबा महाराज के भक्तों के मदद से लिखी गई है। यह पुस्तक लाखों भक्तों के अंतःकरण में विद्यमान बाबा महाराज जी के जीवन व चमत्कारों को जानने के कौतूहल को समाप्त करने का एक उत्तम ज़रिया होगी और ज्यादा से ज्यादा लोगों तक बाबा महाराज के दरबार की गाथा पहुंचे इसके और एक प्रयास है। बाबा महाराज जी आस्था के केंद्र बिंदु के अलावा अपने न्याय दरबार के लिए सुप्रसिद्ध है जो अदृश्य रूप में न्याय करते हुए भी सांसारिक न्याय की प्रत्येक पराकाष्ठा से ऊपर हैं, कहते हैं बाबा का किया गया न्याय विश्व की कोई अदालत बदल नहीं सकती और इस दिव्य न्यायालय में राजा हो या रंक, अमीर हो या गरीब, ताकतवर हो या कमजोर सबके लिए समान न्याय है जो सभी जगह से निराश हो जाता है वो इस दिव्य दरबार में बाबा के सामने अपनी याचिका सुनाता है और न्याय पाता है। एक बड़ी दिलचस्प बात यह है कि जिस दिन दुनिया की सारी अदालतें बंद होती हैं उस रविवार को बाबा का न्याय दरबार लगता है जिसकी महिमा अद्भुत होती है, कई हजार दर्शनार्थी अपनी मनोकामनाएं लेकर बाबा के धाम बिसेनपुर, परानीपुर, मेजा, प्रयागराज में पहुंचते हैं यहां बाबा की मुख्य समाधि स्थल है। भक्त ऐसा मानते हैं बाबा यहां साक्षात् आज भी विराजित है और लोगों पर कृपा कर रहे हैं। इसके अलावा बाबा महाराज के कई और मंदिर हैं जिनकी व्याख्या और कहानी पुस्तक के अंदरूनी पन्नों में कैद है साथ-साथ अनेक चमत्कारों की गाथाएं भी कैद है जो आप पढ़कर जान सकते हैं।

मैं बाबा महाराज के श्री चरणों में पुनः साष्टांग प्रणाम करते हुए प्रार्थना करता हूं कि वह सभी भक्तों व पुस्तक के पाठकों पर अपनी दिव्य कृपा बनाए रखें।

चौरासी नरेश
श्री सुदिष्ट बाबा महाराज जी की आरती

जय हो श्री सुदिष्ट बाबा महाराज की।
भक्तों के तारणहार की ।।
भक्तों के प्यारे ब्रह्मफास धारी।
मिटाते कष्ट पल में भारी से भारी ।।
भक्तों के तुम बड़े कल्याणकारी।
जो भजे वो पावे खुशियां सारी।।
तुम्हारे पिंडी की महिमा न्यारी।
जिसे देख सारी दुनिया दिल हारी।।
अखंड ब्रह्मांड में छाई तुम्हारी कीर्ति।
जो पूजे तुमको उसको मिले ना अपकीर्ति।।
भक्त धूप, दीप, कपूर, चढ़ावें।
प्रत्येक रविवार दर्शन कर तुम्हें रिझावें।।
जो मृत्युलोक के तकलीफों से हारा।
तुम बनते उसका सहारा।।
अनुपम तेज छाया तुम्हारा जग में।
देव रूप में विचरण करते कण-कण में।।
धोती, खड़ाऊ, जनेऊधारी।
ब्रह्म मंडली चमक रही आभा से तुम्हारी।।
पेशानी पर है सूर्य सा तेज तुम्हारे।
जिसे देख प्रफुल्लित होते नर-नारी सारे।।
पारलौकिक सत्ता के स्वामी।
मिटाते अपने त्रिशूल से सारे अभिमानी।।
जय हो श्री सुदिष्ट बाबा महाराज की।
रोग, शोक, संताप हरण की।।

अनुक्रम

1.

बाबा महाराज का जन्म एवं उससे जुड़ी कहानी

श्री सुदिष्ट बाबा महाराज का जन्म गंगा, यमुना,सरस्वती, की साझी संस्कृति की विरासत तीर्थराज प्रयाग के पावन धरा पर गंगा के किनारे बसे परानीपुर गांव में हुआ था जो अपनी संपन्नता के लिए जाना जाता है। श्री बाबा महाराज के जन्म स्थान से तो प्रत्येक व्यक्ति वाकिफ है परंतु उनके जन्म वर्ष के बारे में आज कोई भी व्यक्ति निश्चित रूप से बता पाने में सक्षम नहीं है लेकिन क्षेत्र के बुजुर्गों से पूछने पर इतना जरूर पता चलता हैं कि उनका जन्म लगभग 350 से 375 वर्ष पहले हुआ था। इससे ये अनुमान लगाया जा सकता है कि 1650 से 1675 ई0वी0 के मध्य बाबा महाराज का जन्म हुआ था। ये वो दौर था जब संपूर्ण भारत पर मुगल वंश का शासन था परंतु कुछ विशेष क्षेत्रों में मुगल वंश का शासन नहीं था। उसमें प्रयागराज का ये क्षेत्र भी शामिल था जहाँ बाबा महाराज का जन्म हुआ था। इस क्षेत्र में राजपूताना शासन था एवं राजा नौलखा यहां के शासक थे।

गर्ग गोत्र नेवारी शुक्ल वंश में बाबा महाराज का जन्म हुआ था वो एक जनेऊधारी ब्राह्मण थे। बाबा महाराज के माता-पिता के बारे में आज तक किसी ने न जाना है और ना ही सुना है परंतु निश्चित ही उनके परिवार में और भी सदस्य रहे होंगे जिनके बारे में हमें ज्ञात नहीं है। बाबा महाराज का परिवार विशाल भू-भाग बावन बीघा का जमींदार था। जिसमें बाबा और उनका परिवार खेती करते थे। कहते हैं बाबा महाराज के खेतों में दो हल चलते थे इसमें कोई संदेह भी नहीं है इतने बड़े भू-भाग की जुताई वह बुवाई का कार्य एक हल से संभव नहीं था (आपको स्पष्ट बता देना चाहता हूं एक हल का मतलब दो बैलों का समूह) ये वो दौर था जब किसी किसान के पास अगर एक हल होता था तो उसे अच्छे जमींदार के रूप में देखा जाता था फिर बाबा

महाराज के पास तो दो हल थे इसी बात से आप अनुमान लगा सकते हैं कि वो उस समय के कितने बड़े जमींदार थे। आप नीचे लिखी कहावत के माध्यम से और भी स्पष्ट समझ जाएंगे-

हमारे क्षेत्र को चौरासी कहते हैं इसी पर आधारित पुस्तक के नाम का पहला शब्द भी है। चौरासी की एक बड़ी की प्रचलित कहावत है जो इस प्रकार है-

" जिसके पास रहने के अलावा खेती के लिए जमीन हो वो जमींदार है।"

फिर बाबा के पास तो बावन बीघा जैसी विशाल भूमि थी और आज भी उनके अधिपत्य में है जिसके किसी भाग को कोई भी तिनके बराबर भी दखल नहीं कर सकता। इसके बारे में भी बड़ी दिलचस्प गाथा है जिसके विषय में आगे के अध्यायों में कहानियों के माध्यम से वृहद व्याख्या संदर्भित है ।

बाबा महाराज की बावन बीघा जमीन निम्न स्थानों पर है।जो नीचे क्रमवार उल्लेखित है-

1.परानीपुर ग्राम के मध्य (जन्म स्थान)

2. परानीपुर ग्राम से पूर्वी तरफ़ (वर्तमान उरनाह परेठ)

3. गंगा तट से लगा हुआ उत्तरी परेठ एवं इससे लगा हुआ पश्चिमी भाग (वर्तमान परानीपुर प्रथम परेठ)

4. उत्तरी परेठ के निकट पश्चिमी तरफ़ (वर्तमान परानीपुर द्वितीय परेठ)

5. परानीपुर ग्राम से पश्चिमी तरफ़ (वर्तमान बारा परेठ)

6. इसके अलावा सबसे महत्वपूर्ण स्थान बिसेनपुर, परानीपुर, मेजा, प्रयागराज जहां बाबा महाराज का मुख्य समाधि स्थल है।

ये जमीन भी बाबा महाराज के बावन बीघा जमीन का ही अंश है परंतु इसी जमीन पर क्यों स्थित है बाबा महाराज की मुख्य समाधि? ये समाधि बाबा महाराज के अन्य जगह की बावन बीघा जमीन में भी हो सकती थी। इसके पीछे की गाथा के साथ-साथ श्री सुदिष्ट शुक्ल नामक नवयुवक के "श्री सुदिष्ट ब्रह्म देव" बाबा महाराज बनने के रहस्य को आगे के अध्यायों में वृहद रूप से जानेंगे ।

एक बात तो बेहद स्पष्ट है जन्म से बाबा महाराज मनुष्य तन में धरा पर आए थे। हमारी और आपकी भाँति साधारण व्यक्ति थे परंतु उनके जीवन में कुछ ऐसी घटनाएं घटी कि उन्हें अपने आप को पंचतत्व में विलीन कर अविनाशी ब्रह्म के रूप में लोगों

को न्याय देने के लिए विराजित होना पड़ा। आज वो हमारे लिए ऐसे देव है जिनकी सत्ता का सम्मान समाज के प्रत्येक तपके के लोग करते हैं।

2.

बाबा महाराज के समाधि लेने की गाथा

प्रिय पाठकों श्री सुदिष्ट बाबा महाराज के समाधि लेने के संदर्भ में एक बड़ी प्रचलित कहानी है। जिसमे उनकी महत्ता और सत्ता के बारे में व्याख्यानवित है। जिसके बारे में क्षेत्र के लोग एक ही स्वर में एक ही बात कहते हैं। आइए हम बाबा महाराज के समाधि की उस घटना को जानते हैं जिसको महान ख्याति प्राप्त है-

एक दिन नवयुवक श्री सुदिष्ट शुक्ल हमारे पूज्य बाबा महाराज अपने खेतों में हल से जुताई कर रहे थे जैसा कि मैंने पहले अध्याय में बताया है कि वो एक बड़े किसान थे। उस समय का ऐसा नियम था कि आप जिस भी राजा के राज्य क्षेत्र में या सत्ताधारी के शासन क्षेत्र में रहते थे उसे खेती करने के लिए कर देना पड़ता था बिना कर दिए कोई भी व्यक्ति ना तो खेती कर सकता था और ना ही हल से जुताई कर सकता था यद्यपि वो भूमि का मालिक हो लेकिन नियम राजा के ही होते थे जो उसके कारिंदे लागू करवाते थे। जिस समय बाबा महाराज अपने खेतों में कार्यरत थे उसी वक्त राजा के कारिंदों का एक दल बाबा महाराज के खेतों की और बढ़ता चला आ रहा था जिसको देखने के उपरांत भी बाबा महाराज खेतों की जताई करते रहे दूसरी ओर राजा के कारिंदों का समूह बाबा के खेतों के उस हिस्से में आ पहुंचा जहां वो अपने खेतों की जुताई कर रहे थे। इसके उपरांत राजा के कारिंदों और बाबा महाराज के मध्य वार्ता शुरु हुई जो इस प्रकार थी-

राजा के कारिंदे- सुदिष्ट शुक्ल किसकी आज्ञा से खेतों में जुताई का कार्य शुरू कर दिए।

बाबा महाराज- कारिंदों को संबोधित करते हुए बोले मुझे आज्ञा की क्या जरुरत है ये खेत मेरा हैं मैं इसका अधिपति हूं। मेरी जब इच्छा होगी तब जुताई करुंगा।

राजा के कारिंदे- खामोश रहो सुदिष्ट शुक्ल तुम्हें इस दुस्साहस के लिए दंडित भी किया जा सकता है हमारे महाराज के होते हुए तुम भूमि के अधिष्ठाता कैसे हो सकते हो। इस संपूर्ण क्षेत्र के प्रथम अधिष्ठाता हमारे महाराज हैं अतः जब तक तुम कर नहीं भर देते तब तक तुम इस भूमि पर ना तो जुताई कर सकते हो और ना ही बुवाई कर सकते हो।

बाबा महाराज- राजा के कारिंदों को संबोधित करते हुए बोले जमीन का स्वामी केवल मैं हूँ और जब तक हल के मूठ पर किसान की हथेली होती है तब तक उससे बड़ा अधिपति धरा पर कोई नहीं होता। यदि हम किसान अपने हाथों को खेती करने से खींच ले तो राजा व राजधानी दोनों का पतन शुरू हो जाएगा। मैंने वाजिब कर दे दिया है और अब बढ़ा हुआ कर नहीं दूंगा। राजा प्रत्येक वर्ष कर बढ़ाते जाएं और हम कर देते जाएं ये तो कहीं का न्याय नहीं है पिछले वर्ष सूखा पड़ जाने के कारण उतनी फसल ही नहीं हुई जितनी वो कर के रूप में मांग रहे हैं अब अगर हम उन्हें कर दी गई फसल के बाद बची हुई फसल में से पुनः कर देते हैं तो हम अपना जीविकोपार्जन कैसे करेंगे अतः अब मैं कोई कर नहीं दूंगा। इसके उपरांत बाबा महाराज ने बिना राजा के कारिंदों की बात को सुने हुए पुनः जुताई शुरू कर दी।

राजा के कारिंदे- क्रोध से चिल्लाते हुए सुदिष्ट शुक्ल तुम राज आजा की अवहेलना कर रहे हो हम महाराज नौलखा के प्रतिनिधि हैं हमारे मुख से निकला प्रत्येक शब्द हमारे राजा का शब्द है और राजा का शब्द ही उसकी राज आज्ञा है हल रोको और कर भरने के पश्चात ही जुताई करना।

बाबा महाराज- बिना कारिंदों की बात पर गौर किए हल चलाते रहे।

राजा के कारिंदे- क्रोधित होकर हल की जुताई बंद करवा दिए और हल को अपने कब्जे में लेते हुए बाबा महाराज से बोले जाओ अब जब तक तुम कर नहीं भरोगे तब तक हम तुम्हारे हल और जमीन को हम बंधक रखेंगे। इसके पश्चात बाबा महाराज को खेतों से बाहर निकाल दिया।

बाबा महाराज और राजा के कारिंदों के मध्य संवाद समाप्त हो गया। बाबा महाराज भारी मन से वहां से अपने घर की ओर चल दिए। जब वो घर पहुंचे तो घर वाले बाबा महाराज को बिना हल के लौटता देख घबराकर उनसे हल ना होने कारण पूछने लगे तो बाबा महाराज ने सारी आप बीती सुना डाली। जिसे सुनते ही बाबा महाराज के परिवार की किसी महिला ने कठोर शब्दों में बोली तुम कैसे मर्द हो

सुदिष्ट जाओ घर में बैठकर मेरी चूड़ियां पहन लो और मैं चली खेतों की तरफ अपने हल और जमीन को छुड़ाने, देखती हूं कौन है जो उन पर अपना अधिकार जमाता है। घर की महिला के इन कड़वे शब्दों को सुनने के पश्चात बाबा महाराज के खून में आकाशीय बिजली जैसी स्फूर्ति जागृत हो गई और वो अपनी कटारी लेकर खेतों की ओर चल दिए अपने जमीन और हल पर पुनः अपना अधिकार सिद्ध करने के लिए खेतों में पहुंचने के पश्चात बाबा महाराज व राजा के कारिंदों के मध्य काफी बहस हुयी अंततः जब बाबा महाराज जी अपने पक्ष को कमजोर पाता देखे क्योंकि वो अकेले थे और राजा के कारिंदे सैकड़ो की संख्या में थे तो उन्होंने सभी पहलुओं पर विचार करते हुए अपने खेत में ही भूख हड़ताल पर बैठ गए। जो कई दिनों तक चलती रही जिससे परेशान होकर राजा के कारिंदे एक-एक करके खेत छोड़कर भाग गए लेकिन बाबा महाराज का उद्देश्य तो राजा नौलखा के बंद कानों तक अपनी बात पहुंचाना था। बाबा महाराज भूख हड़ताल पर बीस दिनों से ज्यादा समय तक बैठे रहे जिसके कारण अन्य ग्रामीण भी उनके सहयोग में उतरने लगे। धीरे-धीरे वो समय भी आ गया जब लोगों का आक्रोश राजा के महल तक पहुंचने लगा था राजधानी के प्रत्येक छोर पर सुदिष्ट शुक्ल नामक युवक के भूख हड़ताल की चर्चा होने लगी थी। इन सभी गातिविधियों से परेशान होकर राजा ने अपने एक सेनापति को आदेश दिया जाकर सुदिष्ट शुक्ल के समस्त भूमि पर राजअधिकार कर उसे राज्य से निष्काषित कर दो। राजआदेश के पश्चात सेनापति सैनिकों की एक टुकड़ी लेकर बाबा के जमीन पर पूर्ण अधिकार प्राप्त कर उन्हे राज्य से निष्काषित करने पहुंचा। कारिंदों को देखकर बाबा महाराज ने हुंकार भरी अपने भूमि के रक्षार्थ आज मैं अपने जीवन ज्वाला की आहुति दूंगा इसके साथ ही वो शपथ लेते हुए बोले मेरे जमीन का एक धुर भी कोई कब्जा नहीं कर सकेगा। जो इस पर गलत नीयत से प्रवेश करेगा मैं उसका विनाश कर दूंगा कहते हुए अपने पेट में कटारी घोप लिए जिससे डर कर राजा का सेनापति व सैनिक वहां से भाग गए। इसके पश्चात ये खबर पूरे क्षेत्र में आग की तरह फैल गई और मौके पर पहुंचे अपने ब्राह्मण समुदाय के लोगों से आग्रह करते हुए बाबा महाराज ने कहा मुझे इसी अवस्था में मेरे सभी खेतों में जहां-जहां मेरा चक है घुमा दो और अंत में मुझे जहां राजा का कर कार्यालय है जो उन दिनों बिसेनपुर गांव में हुआ करता था जो परानीपुर गांव का ही एक भाग था वहां बाबा महाराज के भूमि का एक टुकड़ा था कार्यालय से लगा हुआ, उसी भूमि के बीचो-बीच खड़े-खड़े गाड़ देना और मिट्टी से ढक देना। वहां उपस्थित ब्राह्मण समुदाय के लोग वैसा ही करते हैं जैसा बाबा महाराज ने कहा

था आपको स्पष्ट बता देना चाहता हूं जिस वक्त बाबा महाराज को भूमि में दफनाया गया वो जीवित थे उनकी सांसे चल रही थी और वो सब कुछ अपनी आंखों से स्पष्ट देख रहे थे। गांव के लोग यद्यपि चाहते थे कि बाबा महाराज को वैद्य के पास ले जाएं और उन्हें बचा लें परंतु बाबा महाराज के आदेश के आगे वो सभी विवश थे। मेरी दृष्टि में ये घटना समाधि की उत्कृष्ट परिकल्पना है क्योंकि ये घटना नहीं है यद्यपि एक पुरुष के महान पुरुषार्थ की गाथा है जो लोकहित के लिए हंसते-हंसते समाधि ले लिए और अपने अद्भुत न्याय से आज भी लोगों को अभिभूत कर रहे हैं। जिनकी दया ऐसी की पत्थर को पारस बना दें और क्रोध में स्वर्ण को राख बना दें। यही बाबा महाराज के समाधि की व्याख्या है। मेरा तो बेहद स्पष्ट मत है समाधि की व्याख्या चाहे जो हो लेकिन बाबा महाराज के अपने जीवंत देह को धरा के गर्भ में छुपा लेना समाधि की ऐसी परिकल्पना है जो अमर रहेगी।

मैं बारंबार उनके श्री चरणों में साष्टांग प्रणाम करता हूं।

3.

समाधि के पश्चात बाबा महाराज बने न्यायमूर्ति

श्री सुदिष्ट ब्रह्म देव (बाबा महाराज) समाधि लेने के पश्चात रौद्र रुप में न्यायमूर्ति बन गए, कहते हैं वो उस प्रत्येक व्यक्ति को दंड दिए जो प्रत्यक्ष या अप्रत्यक्ष रूप से उनको और किसानों को परेशान करने में शामिल थे। बिसेनपुर,परानीपुर, और उरनाह ये वो गांव है जो बाबा महाराज की समाधि-भूमि, जन्मभूमि व कर्मभूमि के रुप में पूजी जाती है । यहां के बुजुर्ग भक्तजन कहते हैं बाबा महाराज के क्रोध से संपूर्ण बिसेनपुर मुख्य समाधि स्थल सूखा रेगिस्तान बन गया था। आगे की पंक्ति में वो बताते हैं प्रत्येक ओर मृतक ही मृतक थे, मृतकों की देह से पूरा गांव पट गया था अर्थात् मौत इस गांव में अपना भयावह तांडव कर रही थी। प्राकृतिक आपदाओं से पूरा गांव वीरान पड़ गया था। बताते हुए मेरे रोंगटे खड़े हो रहे हैं मृतकों की देह को कोई श्मशान ले जाने वाला नहीं बचा था अंत्येष्टि करना तो बहुत दूर की बात थी। ना केवल मर्द यद्यपि औरत व बच्चे कोई नहीं बचा था। सबसे आश्चर्यजनक बात तो ये थी मनुष्य तो मनुष्य पशु, पक्षी व पर्यावरण की प्रत्येक वस्तु पेड़ों की हरियाली, जलाशयों/तालाबों का जल सब मृत व नष्ट हो गए गांव पूरा मरणस्थली में बदल चुका था। बाबा महाराज का ऐसा क्रोध एक नई व्यवस्था का संचालन करने के लिए किया गया जिससे एक शभ्य सभ्यता का उदय हो सके । इसके अलावा राजा नौलखा व उनके परिवार का भी पतन प्रारम्भ हो गया। जिसके कारण राजा की असमय मृत्यु हो गयी एवं उसके वंश में कई लोग पागलपन के शिकार हो गए साथ-साथ उसके तमाम कारिंदे जो बाबा महाराज के जमीन पर अधिकार करने पहुंचे थे सभी धराशायी हो गए एवं एक ही वर्ष के अंदर सब मृत्यु के शिकार बन गए। कहते हैं जो कोई भी बाबा महाराज के किसी भूमि में गलत इरादे से प्रवेश करता है चाहे वो कितना भी ताकतवर हो बाबा के द्वारा दंडित जरुर

किया जाता है उसको धन, जन, स्वास्थ्य की हानि उठानी पड़ती है। इसके साथ कभी-कभी या यूं कहूं प्रायः ऐसे लोग मृत्यु के शिकार हो जाते है ये घटनाएँ प्रारम्भ से लेकर आज तक घटती चली आ रही हैं जिसके अनेक उदाहरण हैं जो आगे के अध्यायों में वृहद चर्चा के माध्यम से व्याख्यानवित करूंगा लेकिन अभी तो व्याख्या उस दौर की करनी है जब श्री सुदिष्ट ब्रह्म देव, ना केवल धरा पर बल्कि लोगों के मन में भी अपनी सत्ता का भान करा रहे थे उस समय लोग बाबा के भूमि तो क्या उनकी समाधि स्थल से भी दूर रहते थे कोई भी व्यक्ति उनके नजदीक जाने का साहस नहीं करता था। इन घटनाओं के बाद समूचे क्षेत्र में बाबा महाराज के दंड देने की अनोखी गाथा प्रसिद्ध हो चुकी थी। इसी कारण हम भक्त उन्हें न्यायमूर्ति कहते हैं क्योंकि वो अन्यायी और गलत करने वाले को बड़ी कड़ी सजा देते हैं। उनकी लाठी ना तो दिखाई देती है और ना ही आवाज करती है लेकिन जिसको लगती है उसको या तो धरा का त्याग करा देती है या प्रत्येक पल मृत्यु की गुहार लगाने को मजबूर कर देती है। नए समाज के अभ्युदय, शांति व्यवस्था बनाए रखने के लिए पुरानी परंपरा और उसके रक्षकों का मर्दन अति आवश्यक है । इसका सबसे बड़ा उदाहरण महाभारत है, कहते हैं सृष्टि के पालक श्री हरि के पूर्ण अवतार भगवान श्री कृष्ण ने नई व्यवस्था को स्थापित करने के लिए ही महाभारत जैसे भीषण युद्ध को होने दिया क्योंकि वो चाहते तो विश्व के सबसे बड़े नरसंहार को रोक सकते थे। इससे भी बड़ी बात यह है कि उन्होंने नई व्यवस्था नई परंपरा को मान्यता देने के लिए अपने ही वंश का विनाश होने दिया या यूं कहूं स्वयं विनाश कर दिया। बाबा महाराज ने भी भगवान श्री कृष्ण की ही भांति एक नई परंपरा/ व्यवस्था को स्थापित करने के अग्रणी बनें।

यही समाधि के पश्चात बाबा महाराज के द्वारा संचालित दंड विधान की मार्मिक व्याख्या। है। आगे के अध्यायों में नई परपरा के संचालन, गांव के पुनः बसने और उनके पूजन प्रारंभ होने के पीछे की पूर्ण कहानी को जानेंगे।

4.

बाबा महाराज के पूजा शुरू होने की कहानी

श्री सुदिष्ट ब्रह्म देव (बाबा महाराज) के क्रोध से संपूर्ण गांव मानो आग की प्रखर ज्वालाओं में जल रहा था ऐसे में नवीन व्यवस्था का आगाज करने के लिए बाबा महाराज ने गांव की एक महिला को अग्रणी बनाया। कहते हैं जिस वक्त बाबा ने समाधि ली थी वो महिला बाबा महाराज के अद्भुत बलिदान से बहुत प्रभावित थी एवं उनके साथ हुयी संपूर्ण घटना को अन्याय के रूप में देखती थी, इसके अलावा वो बाबा महाराज जी को अपने और समाज के लिए आदर्श के रूप में देखती थी साथ-साथ उनकी भक्ता भी बन गई थी। समाधि लेने के पश्चात बाबा महाराज अपने दंड विधान को प्रभावी करने से पहले उस महिला को गांव से बाहर अपने मायके में जाकर रहने का स्वप्न दिए थे और स्वप्न में ही ऐसा आदेश दिए थे कि जब तक वो स्वयं पुनः स्वप्न ना दें तब तक ग्राम की सीमा रेखा में प्रवेश ना करे। स्वप्न के समाप्त होने के उपरांत महिला ने स्वप्न के अनुसार बाबा महाराज के आदेश का अक्षरशः पालन किया। जिस वक्त वो अपने ससुराल से मायके के लिए प्रस्थान कर रही थी उसे समय वह तीन माह के गर्भ से थी। महिला के गांव छोड़ने के पश्चात बाबा महाराज के रौद्र रूप की व्याख्या पिछले अध्याय में मैंने विस्तृत रूप से की है। जब बाबा का क्रोध समाप्त हुआ या यूं कहूं सभी दोषियों को दंडित करने के पश्चात उन्होंने अपनी समाधि नगरी को आबाद करने के लिए उसी महिला को माध्यम चुना। ग्रामीण बताते हैं कई वर्षों बाद बाबा महाराज ने अपनी भक्ता को उसके जीवन के अंतिम दिनों में स्वप्न दिया जिसमें उन्होंने महिला को पुत्र समेत पुनः अपने गृह लौटने का आदेश दिया क्योंकि जाते समय महिला के गर्भ में पल रहे शिशु का न केवल जन्म हो चुका था यद्यपि वो नव युवक हो चुका था एवं प्रायः अपनी माँ से अपने घर और गांव के बारे में

पूछता रहता था। बाबा महाराज द्वारा स्वप्न में दिए गए आदेश के पश्चात बिना किसी भी संसय के महिला अपने पुत्र समेत गांव पहुंची। भक्ता महिला के गांव पहुंचने पर आसपास के दूसरे गांवों के लोग उसे समझाने आए और बोले इस गांव में प्रवेश मत करना यह गांव नहीं मरणस्थली है। अगर खुद का और अपने पुत्र का भला चाहती हो तो वापस लौट जाओ लेकिन बाबा की वो भक्ता नहीं मानी वह बोली बाबा महाराज ने मुझे बुलाया है इसलिए मेरे और मेरे पुत्र के रक्षक वो स्वयं हैं। उनके होते हुए मुझे कोई डर नहीं इसी विश्वास के साथ उसने गांव में प्रवेश किया और सबसे पहले बाबा की समाधि पर जाकर आशीर्वाद प्राप्त किया। इसके उपरांत बाबा के रहमतों की ऐसी वर्षा हुई कि कुछ ही समय में मरणस्थली में बदल चुका गांव पुनः आबाद हो गया सबसे बड़ी बात यह है कि वो एक ऐसा समृद्ध गांव बन गया जैसे वहाँ कुछ हुआ ही ना हो । इसके अलावा आज उस महिला के हजारों वंशज गांव में खुशहाल जिंदगी व्यतीत कर रहे हैं। प्रकृति के रहमतों से गांव फल फूल रहा है।

श्री सुदिष्ट ब्रह्म देव सरकार (बाबा महाराज) की पूजा प्रारंभ होने के पीछे की गाथा भी बड़ी रोचक है। ग्रामीण बताते हैं एक दिन बाबा महाराज ने अपनी उसी भक्ता महिला के पुत्र को स्वप्न में आदेश दिया कि जहां हमारी समाधि है उस जगह पर गंगा की मिट्टी से पिंडी बनाकर पूजा प्रारंभ करो ऐसा करने से तुम्हारा और तुम्हारे आने वाली पीढ़ियों का कल्याण होगा। बाबा महाराज के दिशा निर्देश के पश्चात उस भक्ता के पुत्र ने वैसा ही किया जैसा बाबा महाराज ने उसे स्वप्न में आदेशित किया था। भक्ता महिला के पुत्र ने पहली बार गंगा की परम पवित्र मिट्टी से पिंडी बनाकर बाबा महाराज के उसी पिंडी में विराजित होने की आस्था रखते हुए पूजा प्रारम्भ की। इसके उपरांत धीरे-धीरे गंगा के मिट्टी से पिंडी निर्मित कर बाबा महाराज के समाधि पर चढ़ाई जाने लगी साथ ही साथ पूजा भी होने लगी। जो कोई बाबा के समाधि पर मिट्टी की पिंडी बनाता, उनके चौरा पर शीश नवाता, उनकी पूजा करता, उन सभी का कल्याण होने लगा उनके बिगड़े कार्य पूरे होने लगे। इससे बाबा की प्रसिद्ध चहुँदिश फैलने लगी। आस-पास के लोगों के अलावा बाहरी लोग भी पूजा अर्चना करने आने लगे। कहते हैं बाबा महाराज के धाम में तमाम यज्ञ, पूजा, अनुष्ठान होने लगे इसके अलावा आगे चलकर लोग बाबा महाराज को अवतारी देव मानकर पूजने लगे। भक्त कहते हैं वो कोई देव थे जो धरा पर नए सूर्य को दीप्तिमान करने आए थे। क्षेत्र के भक्त बताते हैं बाबा महाराज के पूजा शुरू होने के लगभग शताब्दियों बाद आज भी उनकी पूजा के लिए कोई विशेष पध्दति नहीं बनी है क्योंकि भक्त सच्चे मन से जो कुछ भी बाबा के

लिए अर्पित करते हैं वो सभी उन्हें स्वीकार है अर्थात् बाब की निस्वार्थ भक्ति करना ही सबसे बड़ी पूजा पद्धति है। निस्वार्थ भक्ति करने वाले भक्त पर बाबा महाराज सदैव प्रसन्न होकर दया करते हैं। जिस भक्त को बाबा अपनी शरण में लेते हैं उससे जीवन के अंतिम दिनों तक सच्ची पूजा लेते हैं एवं भक्त के साथ-साथ उसके आने वाली पीढ़ियों का भी कल्याण करते हैं।

पक्का चौरा ना बनने की रोचक गाथा- एक बेहद रोचक बात ये भी है कि आज तक कोई भी बाबा महाराज का पक्का चौरा नहीं बना सका। कहते हैं बाबा की इच्छा है कि उनके समाधि पर गंगा के मिट्टी से पिंडी निर्मित होती रहे एवं गंगा जी के मिट्टी से उनके अलौकिक स्वरूप पर लेपन होता रहे इसी कारण बाबा महाराज ने आज तक पक्का चौरा नहीं बनने दिया। इसके संदर्भ में एक बड़ी रोचक कहानी है जो आगे के अध्याय में वृहद रूप से व्याख्यान्वित करूंगा।

रविवार के दिन पूजा की महत्ता का कारण- रविवार के दिन बाबा महाराज की पूजा का विशेष महत्व है इसका कारण कुछ बुद्धिजीवी इस प्रकार बताते हैं कि पहली बार जब बाबा की पूजा उनके भक्ता महिला के पुत्र द्वारा गंगा की मिट्टी से पिंडी बनाकर की गई थी अर्थात् जब बाबा महाराज के चौरा पर गंगा की मिट्टी का लेपन प्रथम बार प्रारंभ हुआ था वो रविवार का दिन था इसी कारण रविवार बाबा महाराज का बेहद प्रिय दिवस है। जो भक्त रविवार के दिन बाबा के दरबार में हाजरी लगाते हैं उनकी पूजा-अर्चना करते हैं उनकी सारी मनोकामनाएं पूर्ण होती है। इसी कारण से श्री सुदिष्ट ब्रह्म धाम बिसेनपुर, परानीपुर, मेजा, प्रयागराज में प्रत्येक रविवार को भक्तों का ताँता लगता है कई हजारों की संख्या में भक्त/दर्शनार्थी दर्शन के लिए आते हैं और एक विशाल मेले का आयोजन प्रत्येक रविवार को होता है जिससे कई हजार लोगों का जीविकोपार्जन होता है।

5.

बाबा महाराज के दिखने व गंगा स्नान की कहानी

परम पूज्य श्री सुदिष्ट बाबा महाराज के विषय में सबसे बड़ी आश्चर्यजनक बात ये है कि कभी- कभी वो अपने सबसे प्रिय भक्तों को दर्शन देने स्वयं चले आते हैं। बाबा के कुछ शरणागत भक्त कहते हैं कि उन्होंने बाबा महाराज को देखा है, यह कल्पना है या सत्य इसके बारे में कुछ भी तथ्यात्मक नहीं है परंतु जो भक्त बाबा के साक्षात् दर्शन की बात करते हैं वो उनके बारे में कुछ इस प्रकार की व्याख्या करते हैं-

- अद्भुत काया
- सफेद केश
- सफेद वस्त्र
- बाएं हाथ में सोटा या त्रिशूल
- दाहिने हाथ में कमंडल
- बदन पर जनेऊ
- सूर्य के लपटों के समान आंखें
- दीप्तिमान ललाट
- ब्रह्म का तेज
- सफेद घोड़े पर सवार

इन सभी से सुसज्जित पूर्ण पुरुष जैसे परमपिता ब्रह्मा जी स्वयं दर्शन देने चले आए हो। मैंने जब बाबा महाराज के इस व्याख्या को सुना तो स्तब्ध रह गया क्योंकि अभी तक मालूम पड़े तथ्यों के अनुसार बाबा महाराज ने तीस वर्ष से कम उम्र में

समाधि ले ली थी इस हिसाब से उनकी व्याख्या युवा की होनी थी परंतु व्याख्या के अनुसार बाबा महाराज की उम्र बहुत ज्यादा है। कुछ भी हो अगर लोगों की कल्पना वास्तविक है तो इससे एक चीज बेहद स्पष्ट हो जाती है कि समाधि के पश्चात भी बाबा महाराज की उम्र बढ़ रही है। जो उनके पारलौकिक सत्ताधारी होने का प्रमाण है।

प्रातः सूर्योदय के पूर्व गंगा स्नान करने जाते हैं बाबा महाराज- कुछ बुजुर्ग भक्त/ग्रामीण मानते हैं पूज्य बाबा महाराज प्रतिदिन प्रातः तीन बजे अपने घोड़े पर सवार होकर परानीपुर स्थित गंगा जी के घाट पर स्नान करने जाते हैं जहां वो गंगा स्नान के पश्चात गंगा जी की पूजा-अर्चना करते हैं। इसके उपरांत प्रातः चार बजे तक वापस अपने सभी परेठों का भ्रमण करते हुए मुख्य समाधि पर लौट आते हैं। इस घटना के घटने बाबा महाराज के दिखने व गंगा स्नान करने की गाथा का तथ्य केवल इस बात पर आधारित है कि कुछ भक्त इस संदर्भ में बेहद स्वच्छता व शुद्ध मन से इस दुर्लभ लगने वाली गाथा को सत्य मानते हैं एवं कुछ तो स्वयं को साक्षी भी मानते हैं। इसके संदर्भ में मैं भी सकारात्मक विचार रखता हूं एवं मेरा भी ऐसा मानना है बाबा महाराज अपने अति प्रिय भक्तों को दर्शन देने आते होंगे और रही बात उनके गंगा स्नान की तो हम सब ये जानते हैं कि बाबा एक जनेऊ धारी ब्राह्मण थे यही कारण है वो आज भी गंगा स्नान कर देव योनि में जाने के पश्चात भी अपने पांडित्य का पालन कर रहे हैं जो उनके ब्रह्म देव बनने का सबसे बड़ा कारण है।

जय हो बाबा महाराज की।

जय हो उनके ईश्वर व ईश्वरी साधना की।

परम पूज्य श्री सुदिष्ट बाबा महाराज की काल्पनिक फ़ोटोग्राफ़

5.1

बाबा महाराज के जनेऊ धारण करने का रहस्य

सर्वप्रथम आइए जानते हैं जनेऊ के बारे में क्योंकि वर्तमान परिवेश में उन्निसवीं शताब्दी के बाद जन्मे बहुत से लोग इसके बारे में नहीं जानते हैं एवं बहुत से लोगों ने तो नाम सुना है, देखा भी है परंतु इसकी महत्ता को नही जानते हैं।

जनेऊ- सनातन धर्म के प्रमुख संस्कार में से एक है यज्ञोपवीत संस्कार। यज्ञोपवीत यानी जनेऊ। आपने देखा होगा कि बहुत से पुरुष बाएं कंधे से दाएं बाजू की ओर एक कच्चा धागा लपेटे रहते हैं। इस धागे को जनेऊ कहते हैं। जनेऊ तीन धागों वाला एक सूत्र होता है। जनेऊ को संस्कृत भाषा में यज्ञोपवीत कहा जाता है। यह सूत से बना पवित्र धागा होता है, जिसे व्यक्ति बाएं कंधे के ऊपर तथा दाईं भुजा के नीचे पहनता है। अर्थात् इसे गले में इस तरह डाला जाता है कि वह बाएं कंधे के ऊपर रहे। आइए आपको बताते हैं जनेऊ से जुड़ी खास बातें और इसको पहनने के लाभ।

जनेऊ में तीन सूत्र होने का कारण-

जनेऊ में मुख्य रूप से तीन धागे होते हैं। यह तीन सूत्र देवऋण, पितृऋण और ऋषिऋण के प्रतीक होते हैं और यह सत्व, रज और तम का प्रतीक है। यह गायत्री मंत्र के तीन चरणों का प्रतीक है। यह तीन आश्रमों का प्रतीक है। संन्यास आश्रम में यज्ञोपवीत को उतार दिया जाता है।

जनेऊ के नौ तार का रहस्य-

यज्ञोपवीत के एक-एक तार में तीन-तीन तार होते हैं। इस तरह कुल तारों की संख्या नौ होती है। एक मुख, दो नासिका, दो आंख, दो कान, मल और मूत्र के दो द्वार मिलाकर शरीर के कुल नौ द्वार होते हैं।

जनेऊ के पांच गांठ का रहस्य-

यज्ञोपवीत में पांच गांठ लगाई जाती है जो ब्रह्म, धर्म, अर्थ, काम और मोक्ष का प्रतीक है। यह पांच यज्ञों, पांच ज्ञानेद्रियों और पंच कर्मों का भी प्रतीक भी हैं।

जनेऊ का महत्व

वैदिक धर्म को मानने वाले प्रत्येक व्यक्ति के जीवन में जनेऊ संस्कार किया जाता है। कुछ लोगों के घर में जनेऊ संस्कार बचपन में ही संपन्न हो जाता है तो कुछ लोगों के घर में जनेऊ संस्कार विवाह से पहले किया जाता है। प्रत्येक आर्य का कर्तव्य है जनेऊ पहनना और उसके नियमों का पालन करना। प्रत्येक आर्य जनेऊ पहन सकता है बशर्ते कि वह उसके नियमों का पालन करें।

जनेऊ के नियम

यज्ञोपवीत को मल-मूत्र विसर्जन के पूर्व दाहिने कान पर चढ़ा लेना चाहिए और हाथ स्वच्छ करके ही उतारना चाहिए। इसका स्थूल भाव यह है कि यज्ञोपवीत कमर से ऊंचा हो जाए और अपवित्र न हो। अपनी व्रतशीलता के संकल्प का ध्यान इसी बहाने बार-बार किया जा सकता है।

यज्ञोपवीत का कोई तार टूट जाए या छः माह से अधिक समय हो जाए, तो बदल देना चाहिए। खंडित यज्ञोपवीत शरीर पर नहीं रखते। धागे कच्चे और गंदे होने लगें, तो पहले ही बदल देना उचित है।

यज्ञोपवीत शरीर से बाहर नहीं निकाला जाता। साफ करने के लिए उसे कण्ठ में पहने रहकर ही घुमाकर धो लेते हैं। भूल से उतर जाए, तो प्रायश्चित करें। मर्यादा बनाए रखने के लिए उसमें चाबी के गुच्छे आदि न बांधें। इसके लिए भिन्न व्यवस्था रखें। बालक जब इन नियमों के पालन करने योग्य हो जाता है , तभी उसका यज्ञोपवीत संस्कार होता है।

चिकित्सा विज्ञान के अनुसार दाएं कान की नस अंडकोष और गुप्तेन्द्रियों से जुड़ी होती है। मूत्र विसर्जन के समय दाएं कान पर जनेऊ लपेटने से शुक्राणुओं की रक्षा होती है।

जनेऊ धारण करने के लाभ

- वैज्ञानिकों अनुसार बार-बार बुरे स्वप्न आने की स्थिति में जनेऊ धारण करने से इस समस्या से मुक्ति मिल जाती है।

- कान में जनेऊ लपेटने से मनुष्य में सूर्य नाड़ी का जागरण होता है।
- कान पर जनेऊ लपेटने से पेट संबंधी रोग एवं रक्तचाप की समस्या से भी बचाव होता है।
- माना जाता है कि शरीर के पृष्ठभाग में पीठ पर जाने वाली एक प्राकृतिक रेखा है जो विद्युत प्रवाह की तरह काम करती है। यह रेखा दाएं कंधे से लेकर कमर तक स्थित है।
- जनेऊ धारण करने से विद्युत प्रवाह नियंत्रित रहता है जिससे काम-क्रोध पर नियंत्रण रखने में आसानी होती है।
- जनेऊ पहनने से पूर्व जन्म के बुरे कर्म नष्ट हो जाते हैं।
- जनेऊ पहनने से आयु, बल, और बुद्धि में वृद्धि होती है। •जनेऊ धारण करने से शुद्ध चरित्र और जप, तक, व्रत की प्रेरणा मिलती है।
- जनेऊ धारण करने वाले व्यक्ति को वेदाध्ययन का अधिकार मिलता है।

जनेऊ होने की सही उम्र - पुरुष की उम्र आठ वर्ष से सोलह वर्ष के मध्य होती है उसी समय यज्ञोपवीत की सही उम्र मानी जाती है। इसी उम्र के मध्य अलग-अलग वर्णों के लिए यज्ञोपवीत के अलग-अलग आयु का प्रावधान किया गया है ।

जनेऊ का मंत्र-

ॐ यज्ञोपवीतं परमं पवित्रं, प्रजापतेयर्त्सहजं पुरस्तात् ।

आयुष्यमग्र्यं प्रतिमुञ्च शुभ्रं, यज्ञोपवीतं बलमस्तु तेजः।।

जनेऊ अपवित्र होने पर –

'एतावद्दिन पर्यन्तं ब्रह्म त्वं धारितं मया।

जीर्णत्वात्वत्परित्यागो गच्छ सूत्र यथा सुखम्'।।

मंत्र बोलकर इसे उतारना चाहिए।

जनेऊ की लंबाई- जनेऊ की लंबाई छानबे अंगुल होती है जिसे (छानबे चउआ) नामक इकाई से संबोधित करते हैं अर्थात् जनेऊ हाथ की अनामिका, मध्यिका, तर्जनी व कनिष्ठा उंगलियों के चउआ से चौबीस बार नापे गए सूत के दोनों छोरों को जोड़ दिया जाता है। इसके छानबे अंगूल होने का कारण यह है कि प्रत्येक

जनेऊ धारण करने वाले को चौसठ कलाओं और बत्तीस विद्याओं को सीखने का प्रयास करना चाहिए। बत्तीस विद्याएं चार वेद, चार उपवेद, छह अंग, छह दर्शन, तीन सूत्रग्रंथ, नौ अरण्यक मिलाकर होती है। चौसठ कलाओं में वास्तु निर्माण, व्यंजन कला, चित्रकारी, साहित्य कला, दस्तकारी, भाषा, यंत्र निर्माण, सिलाई, कढ़ाई, बुनाई, आभूषण निर्माण, कृषि ज्ञान आदि आती हैं।

सारांश- जनेऊ को उपवीत,यज्ञसूत्र, व्रतबंध, बलबंध, मानीबंध और ब्रह्मसूत्र भी कहते हैं। इसे उपनयन संस्कार भी कहते हैं उपनयन का शाब्दिक अर्थ है पास या सन्निकट ले जाना। किसके पास? ब्रह्मा (ईश्वर) और ज्ञान के पास ले जाना हिंदू समाज का हर वर्ग जनेऊ धारण कर सकता है। जनेऊ धारण करने के बाद द्विज बालक को यज्ञ तथा स्वाध्याय करने का अधिकार प्राप्त होता है । द्विज का अर्थ होता है दूसरा जन्म। हिंदू धर्म में प्रत्येक हिंदू का कर्तव्य है जनेऊ पहनना और उसके नियमों का पालन करना। हर हिंदू जनेऊ पहन सकता है बशर्ते कि वह उसके नीयमों का पालन करें ।

क्यों पहनते हैं जनेऊ- हिंदू धर्म के चौबीस संस्कारों में से एक "उपनयन संस्कार" के अंतर्गत जनेऊ पहनी जाती है। मुंडन व पवित्र पवित्र जल से स्नान भी इस संस्कार की अभिन्न अंग हैं। प्राचीन काल में शिष्य, संत और ब्राह्मण बनाने के लिए दीक्षा दी जाती थी। इस दीक्षा देने के तरीके में से एक जनेऊ धारण करना भी होता था। प्राचीन काल में गुरुकुल में दीक्षा लेने या संन्यस्त होने के पूर्व यह संस्कार होता था।

यज्ञोपवीत को व्रतबंध कहने का कारण यह है कि व्रतों से बंधे बिना मनुष्य का उत्थान संभव नहीं है। यज्ञोपवीत को व्रतशीलता का प्रतीक मानते हैं। इसलिए इसे सूत्र (फार्मूला, सहारा) भी कहते हैं। चर्म शास्त्रों में इस नियम को व्रत माना गया है। बालक की आयुवृद्धि हेतु गायत्री तथा वेद पाठ का अधिकारी बनने के लिए उपनयन (जनेऊ) संस्कार अत्यंत आवश्यक है।

दीक्षा देने से जनेऊ का संबंध- दीक्षा देने का प्रचलन वैदिक ऋषियों ने प्रारंभ किया था। प्राचीन काल में पहले शिष्य और ब्राह्मण बनाने के लिए दीक्षा दी जाती थी। माता-पिता अपने बच्चों को जब शिक्षा के लिए भेजते थे तब भी दीक्षा दी जाती थी। हिंदू धर्माअनुसार दिशाहीन जीवन को दिशा देना ही दीक्षा है। दीक्षा एक शपथ, एक अनुबंध और एक संकल्प है। दीक्षा के बाद व्यक्ति द्विज बन जाता है। द्विज का अर्थ दूसरा जन्म। दूसरा व्यक्तित्व।

अन्य धर्मों में जनेऊ संस्कार- यह संस्कार हिंदू धर्म से प्रेरित होकर सभी धर्मों में मिल जाएगा। दीक्षा देने की परंपरा प्राचीन काल से रही है हालांकि कालांतर में दूसरे धर्मों से दीक्षा को अपने धर्म में धर्मांतरण करने के प्रयुक्त किया जाने लगा। इस आर्य संस्कार को किसी न किसी कारण से सभी धर्मों में किसी न किसी रूप में अपनाया जाता रहा है। मक्का में काबा की परिक्रमा करने से पूर्व इस संस्कार को किया जाता है। सारनाथ के अति प्राचीन बुद्ध की प्रतिमा का सूक्ष्म निरीक्षण करने से बुद्ध की छाती पर जनेऊ की सूक्ष्म रेखा दिखाई देती है। जैन धर्म में भी इस संस्कार को किया जाता है। वित्र मेखला अधोवसन (लूंगी) का संबंध पारसियों से भी है। सिख धर्म में इसे अमृत संचार कहते हैं। बौद्ध धर्म से इस परंपरा को ईसाई धर्म ने अपनाया जिसे वे बपस्तिमा कहते हैं। यहूदी और इस्लाम धर्म में खतना करके दीक्षा दी जाती है।

ये जनेऊ की संक्षिप्त परिभाषा है जो सहज शब्दों में उध्दृत है क्योंकि अगर जनेऊ की वृहद व्याख्या की जाए तो इसके ऊपर अलग से सैकड़ो पन्नों की किताब लिखी जा सकती है।

जनेऊ के बारे में जानने के बाद आइए जानते हैं बाबा महाराज का इससे नाता-

परम पूज्य बाबा महाराज अपने समय के अच्छे विद्वान थे जो पूजा-पाठ कराने के मर्मज्ञ थे। वो दीक्षा भी दिया करते थे। परानीपुर, मेजा में इक्कीसवीं शताब्दी के पहले ब्राह्मणत्व का बड़ा बोलबाला था इसका एक प्रमुख कारण यह भी है कि यह क्षेत्र प्रारम्भ से ही ब्राह्मण बाहुल्य क्षेत्र है। जो भी व्यक्ति ब्राह्मण कुल में जन्म लेता था उसका जनेऊ संस्कार अवश्य ही समयाअनुसार करा दिया जाता था फिर हाल आज भी ब्राह्मणों के यहां यज्ञोपवीत अवश्य ही होता है परंतु अब समय की व्यवस्था टूट चुकी है। एक बेहद दिलचस्प बात यह है कि जनेऊ को ब्राह्मणत्व की निशानी माना जाता था और जो ब्राह्मण इसे धारण नहीं करता था उसे समाज में सम्मान की दृष्टि से नहीं देखा जाता था। सत्रहवीं एवं अठ्ठारहवीं शताब्दी तक चौरासी क्षेत्र में ब्राह्मणों के अलावा किसी और वर्ण के लिए जनेऊ धारण करना प्रतिबंधित था। जैसा कि मैंने पहले भी बताया है बाबा महाराज का जन्म ब्राह्मण वंश में हुआ था वो नेवारी शुक्ला थे। उनका व उनके परिवार के मुख्य कार्यों में से एक कार्य दीक्षा देना था अतः उनका जनेऊ/यज्ञोपवीत संस्कार बेहद कम उम्र लगभग नौ वर्ष में ही पूर्ण हो गया था। इसका कारण बेहद स्पष्ट है प्रथम तो यह कि ब्राह्मण बालकों के यज्ञोपवीत की सही उम्र नौ

वर्ष तक ही है, द्वितीय यह कि बिना जनेऊ धारण किए हुए कोई भी ब्राह्मण पूजा-पाठ नहीं करा सकता एवं बिना दीक्षा लिए हुए दूसरे को दीक्षा नहीं दे सकता। अब आप सभी स्पष्ट समझ गए होंगे क्योंकि दीक्षा लेने का नियम आप जनेऊ की पूर्ण व्याख्या में पढ़ ही चुके हैं कि जनेऊ संस्कार होने के उपरांत ही बालक को शिष्य, ब्राह्मण माना जाता था।

निष्कर्ष- परम पूज्य बाबा महाराज जी जनेऊधारी ब्राह्मण थे एवं वे जनेऊधारी ब्राह्मण की सारी भूमिकाएं निभाते थे। जनेऊ की संपूर्ण विशेषताओं को आप लोगों ने पूर्ण रूप से जान व समझ लिया होगा एवं यह भी जान लिया होगा कि ये कितनी प्रभावशाली है जो शुद्धता का प्रतीक है। इन्हीं कारणों से परम पूज्य बाबा महाराज जी को जनेऊ अत्यंत प्रिय है एवं उनकी पूजा में जनेऊ अवश्य चढ़ता है। एक बेहद रोचक बात यह है कि जनेऊ दो तरीके से लोग धारण करते हैं अविवाहित पुरुष एक जनेऊ तीन सूत्र की पहनते हैं और विवाहित पुरुष दो जनेऊ जोड़कर छः सूत्र वाली पहनते हैं जो दांपत्य जीवन का भी प्रतीक मानी जाती है। बाबा महाराज के विवाहित होने का कोई प्रमाण नहीं मिलता इससे उनके अविवाहित होने की प्रमाणिकता जाहिर होती है इसी कारण बाबा महाराज को उनकी पूजा में तीन सूत्रों वाली एक जनेऊ चढ़ती है और अगर किसी को एक से अधिक जनेऊ चढ़ानी है तो एक के बाद एक करके चढ़ायी जाती है।

5.2

खिचड़ी प्रेमी बाबा महाराज

आइए जानते है बाबा महाराज के खिचड़ी प्रेमी होने की कहानी-

जैसा कि मैंने पहले भी जिक्र किया है बाबा महाराज उपरोहित ब्राह्मण थे। उपरोहित ब्राह्मणों को पूजा-पाठ कराने के उपरांत वरन, खिचड़ी, दक्षिणा और सीधा दिया जाता है। खिचड़ी सीधा का एक प्रमुख भाग है बिना खिचड़ी के दान किए हुए सीधा पूर्ण नहीं माना जाता है।बाबा महाराज को भी सीधा का दान पूजा कराने के उपरांत मिलता था। आज के समय में दक्षिणा की महत्ता ज्यादा है परंतु इक्कीसवीं शताब्दी के पहले लोगों के पास आर्थिक रुप से सुदृढ़ता नहीं थी इसी कारण सीधा देने की प्रथा थी।

सीधा से तात्पर्य कुछ इस प्रकार की चीजों से है-

1. चावल
2. दाल
3. गेंहूँ का आटा
4. सब्जी

एवं अन्य चीजें।

एवं

खिचड़ी से तात्पर्य

1. चावल
2. उर्दी की दाल
3. नमक

4. खटाई

5. हल्दी

6. सब्जी, इत्यादि

अलग-अलग समय के अनुसार अलग-अलग सीधा दिया जाता था परंतु इसमें खिचड़ी की विशेष महत्व है क्योंकि खिचड़ी के दान से व्यक्ति के जीवन में निम्न प्रकार के लाभ होते हैं-

1. खिचड़ी के दान से परिवार में खुशियां आती हैं और कुंडली में सूर्य, गुरु और चंद्रमा की स्थिति मजबूत होती है।

2. खिचड़ी दान करने से घर में सुख व शांति आती है।

3. खिचड़ी का दान ब्राह्मण को करने का विशेष फल मिलता है।

4. खिचड़ी के दान करने से सौ गुना ज्यादा समृद्धि आती है।

इन सभी कारणों से खिचड़ी का दान किया जाता था। पुराने लोग कुशल विचारक होते थे। खिचड़ी की विशेषताओं के कारण उन्होंने इसके दान की व्यवस्था बनाई थी।

बाबा महाराज के खिचड़ी प्रेमी होने के पीछे दो बातें प्रचलित है जो इस प्रकार है-

पहली व्याख्या-

बाबा महाराज आज भी लोगों के लिए उनके उपरोहित (गुरु जी) हैं इसी कारण लोग उन्हें खिचड़ी का दान करते है एवं वे अपने यजमान भक्तों का मान रखने के लिए खिचड़ी का दान स्वीकार करते हैं।

दूसरी व्याख्या-

भक्तों को खिचड़ी दान से मिलने वाले ऊपर व्याख्यांवित सभी लाभों का फल मिलता रहे एवं उनके जीवन में खुशहाली बनी रहे इसी कारण बाबा महाराज, उपरोहित (गुरु जी) के रूप में विराजित होकर खिचड़ी का दान स्वीकार करते हैं।

परम पूज्य बाबा महाराज के खिचड़ी प्रेम की अद्भुत गाथा से आप सभी निश्चित रूप से अपरिचित रहे होंगे एवं इस अध्याय को पढ़ने के उपरांत इसके दिव्य गाथा से परिचित हो गए होंगे।

5.3

बाबा महाराज को मर्दानी धोती, खड़ाऊ व लंगोट चढ़ने का रहस्य

खडाऊ, लंगोट व मर्दानी धोती ब्रहमचर्य का प्रतीक है प्रत्येक ब्रहमचारी इन सभी वस्तुओं को धारण करता है। इसका सबसे बड़ा जीवंत उदाहरण आप सभी ने व्रतबंध/यज्ञोपवीत के समय देखा होगा ब्रह्मचारी बालक को ये चीजें पहनायी जाती है।

आइए जानते हैं ब्रहमचारी किसे कहते हैं- ब्रह्मचर्य का पालन करने वालों को ब्रह्मचारी कहते हैं।

ब्रह्मचर्य दो शब्दो 'ब्रह्म' और 'चर्य' से बना है। ब्रह्म का अर्थ परमात्मा;चर्य का अर्थ विचरना, अर्थात् परमात्मा मे विचरना, सदा उसी का ध्यान करना ही ब्रह्मचर्य कहलाता है।

• महाभारत के रचयिता व्यास जी ने विषयेन्द्रिय द्वारा प्राप्त होने वाले सुख के संयमपूर्वक त्याग करने को ब्रह्मचर्य कहा है।

*** शतपथ ब्राह्मण में ब्रह्मचारी की चार प्रकार की शक्तियों का उल्लेख आता है-**

1. अग्नि के समान तेजस्वी,
2. मृत्यु के समान दोष एवं दुर्गुणों के मारण की शक्ति,
3. आचार्य के समान दूसरों को शिक्षा देने की शक्ति,
4. संसार के किसी भी स्थान, वस्तु, व्यक्ति आदि की अपेक्षा रखे बिना आत्माराम होकर रहना।

* ब्रह्मचर्य का मतलब है, किसी भी तरह का संबंध ना बनाना। पुरुष के जननांगों का महिला के जननांगों में प्रवेश न करना।

* ब्रहमचारी का मतलब है सात्विक जीवन जीना, शुभ विचारों से अपने वीर्य का रक्षण करना, भगवान का ध्यान करना और विद्या ग्रहण करना।

* ब्रह्मचर्य का मतलब है इंद्रियों को नियंत्रित करना ।

ब्रह्मचर्य को लेकर कुछ बातें-

• ब्रहमचर्य को मुक्ति का मार्ग माना जाता है।

* ब्रहमचर्य, योग के आधारभूत स्तंभों में से एक है।

* वैदिक धर्म के वर्णाआश्रम में ब्रहमचर्य पहला आश्रम है।

* ब्रहमचर्य का पालन करने से असाधारण ज्ञान मिलता है।

* ब्रह्मचर्य का पालन करने से एक आसान तरीका सिद्धासन करना है।

* वर्णाश्रम के अनुसार ब्रहमचर्य जीरो से पच्चीस वर्ष की आयु तक होता है।

* ब्रहमचर्य का पालन करने के लिए ऋषि मुनि तप करते थे ताकि सर्व सुखों की प्राप्ति हो सके।

श्रीमद्भगवद्गीता में में ब्रह्मचर्य-

योगेश्वर भगवान श्रीकृष्ण गीता में अर्जुन से कहते हैं -

यदक्षरं वेदविदो वदन्ति विशन्ति यद्यतयो वीतरागाः ।

ब्रह्मचर्यं चरन्ति तत्ते पदं संग्रहेण प्रवक्ष्ये ॥

अर्थात् वेद के जानने वाले विद्वान जिसे अक्षर कहते हैं ; रागरहित यत्नशील जिसमें प्रवेश करते हैं ; जिसकी इच्छा से (साधक गण) ब्रह्मचर्य का पालन करते हैं उस पद (लक्ष्य) को मैं तुम्हें संक्षेप में कहूँगा। भगवान योगेश्वर श्रीकृष्ण ने ब्रह्मचर्य को शारीरिक तप बताया है -

ब्रह्मचर्यमहिंसा च शारीरं तप उच्यते ॥

(श्रीमद्भागवतगीता १७/१४)

ब्रह्मचारीसूक्त-

अथर्ववेद के ग्यारहवें काण्ड का पाँचवाँ सूक्त ब्रह्मचर्य्य के लिये ही समर्पित है। इसमें तरह-तरह से ब्रह्मचर्य की महिमा वर्णित है।

ब्रह्मचार्येति समिधा समिद्धः कार्ष्णं वसानो दीक्षितो दीर्घश्मश्रुः।

स सद्य एति पूर्वस्मादुत्तरं समुद्रं लोकान्त्संगृभ्य मुहुराचरिक्रत्॥ - (अथर्ववेद ११.५.१७)

अर्थ-- जो ब्रह्मचारी होता है, वही ज्ञान से प्रकाशित तप और बड़े बड़े केश श्मश्रुओं से युक्त दीक्षा को प्राप्त होके विद्या को प्राप्त होता है। तथा जो कि शीघ्र ही विद्या को ग्रहण करके पूर्व समुद्र जो ब्रह्मचर्याश्रम का अनुष्ठान है, उसके पार उतर के उत्तर समुद्रस्वरूप गृहाश्रम को प्राप्त होता है और अच्छी प्रकार विद्या का संग्रह करके विचारपूर्वक अपने उपदेश का सौभाग्य बढ़ाता है।

ब्रह्मचारी जनयन् ब्रह्मापो लोकं प्रजापतिं परमेष्ठिनं विराजम्।

गर्भो भूत्वामृतस्य योनाविन्द्रो ह भूत्वाऽसुरांस्ततर्ह॥ - **(अथर्ववेद ११.५.१८)**

अर्थ-- वह ब्रह्मचारी वेदविद्या को यथार्थ जान के प्राणविद्या, लोकविद्या तथा प्रजापति परमेश्वर जो कि सब से बड़ा और सब का प्रकाशक है, उस का जानना, इन विद्याओं में गर्भरूप और इन्द्र अर्थात् ऐश्वर्ययुक्त हो के असुर अर्थात् मूर्खों की अविद्या का छेदन कर देता है।

ब्रह्मचर्येण तपसा राजा राष्ट्रं वि रक्षति।

आचार्यो ब्रह्मचर्य्येण ब्रह्मचारिणमिच्छते॥ -**(अथर्ववेद ११.५.१९)**

अर्थ-- पूर्ण ब्रह्मचर्य से विद्या पढ़ के और सत्यधर्म के अनुष्ठान से राजा राज्य करने को और आचार्य विद्या पढ़ाने को समर्थ होता है। आचार्य उस को कहते हैं कि जो असत्याचार को छुड़ा के सत्याचार का और अनर्थों को छुड़ा के अर्थों का ग्रहण कराके ज्ञान को बढ़ा देता है॥

ब्रह्मचर्य को जानने के उपरांत आइए एक-एक करके जानते हैं ब्रह्मचारी के खड़ाऊ, लंगोट व मर्दानी धोती पहनने के रहस्य को-

सर्वप्रथम आइए जानते है बाबा महाराज को खडाऊं चढ़ने का कारण-

खडाऊं पहनने के पीछे की मान्यता धार्मिक होने के साथ-साथ वैदिक भी है यजुर्वेद में बताया गया है की खड़ाऊ पहनने से कई बीमारियों से बचाव होता है। खड़ाऊ पहनने से शरीर में प्रवाहित हो रही विद्युत तरंगों का पृथ्वी की अवशोषण शक्ति से संपर्क नहीं होता इसलिए खड़ाऊ हो पहनने की प्रथा शुरू हुई थी।

ब्रह्मचारी के जीवन में खड़ाऊ धारण करने की अहमियत-

ब्रह्मचारी की खड़ाऊ विशेष प्रकार की लकड़ी चंदन व आम से निर्मित होती

है। खड़ाऊ एक विशेष तरीके से निर्मित की जाती है जिसके कारण पुरुष के पैर के अंगूठे की विशेष रक्त वाहिका जो अंडकोष से जुड़ी रहती है उसपर दबाव पड़ता है जिससे वीर्य का स्खलन नहीं होता है और ब्रह्मचर्य बना रहता है। यही कारण है ब्रह्मचारी खड़ाऊ पहनते हैं।

खड़ाऊ पहनने के वैज्ञानिक फायदे-

* खड़ाऊ पहनने से शरीर में रक्त संचार सुचारू रूप में होता है।

* खडाऊ पहनने से मानसिक व शारीरिक थकान दूर होती है।

* खड़ाऊ पहनने से पैर की मांसपेशियां मजबूत होती हैं।

* खड़ाऊ पहनने से रीड की हड्डी सीधी रहती है और मजबूत बनी रहती है।

* खड़ाऊ पहनने से स्लिप डिस्क होने की संभावना कम हो जाती है।

• खड़ाऊ पहनने से पैरों में सर्दी नहीं लगती।

• खड़ाऊ पहनने से आसानी से किसी भी रास्ते पर चला जा सकता है।

खड़ाऊ का धार्मिक महत्व-

• रामायण में भी खड़ाऊ/पादुका का उल्लेख मिलता है। भरत जी ने भगवान श्री राम के वनवास गमन पश्चात, उनकी खड़ाऊ को सिर पर रखकर अयोध्या लाते हैं और सिंहासन पर उसे स्थापित का राजपाठ करते हैं।

• ऋषि मुनि कालांतर से अब तक खड़ाऊ पहनते हैं जो शुद्धता की दृष्टि से पहनी जाती थी।

• मंदिर परिसर में भी खडाऊ पहन के जाया जा सकता है।

बाबा महाराज को लंगोट चढ़ने का रहस्य-

लंगोटा पुरुषों के लिए महत्वपूर्ण लाभ प्रदान करता है क्योंकि इसे पहनने और सुरक्षित रूप से बांधने पर यह तंत्रिका तंत्र, रीढ़ और आंतरिक अंगों को सहारा प्रदान करता है। ऐसा करके यह हड्डियों और अंगों के विस्थापन को प्रभावी ढंग से रोकता है और शारीरिक व्यायाम या योग अभ्यास के दौरान तंत्रिक तनाव को काम करता है।

लंगोट पहनने के फायदे-

• लंगोट को टेस्टीकल्स और पेनिस एरिया पर इस तरह लपेटा जाता है कि उसे

सपोर्ट मिले और अनावश्यक दबाव भी ना बनें। यह अंडकोषों के आकार को संतुलित रखता है। जब भी आप कोई जटिल एक्सरसाइज या वर्कआउट करें तो उस समय लंगोट जरूर पहने। यह पुरुषों के आंतरिक भाग के स्वास्थ्य के लिए जरूरी है।

- लंगोट पहनने से हर्निया के दर्द और असुविधा में अस्थाई राहत मिल सकती है। लंगोट पेट की मांसपेशियों को सपोर्ट देता है और हर्निया को बढ़ाने से रोकने में मदद देता है।

रोजमर्रा की गतिविधियों को करने में लंगोट फायदेमंद है।

लंगोट का ब्रह्मचर्य से नाता- लंगोट पहनने से वीर्य का स्खलन नहीं होता है इसके अलावा अंडकोषों के की अच्छी तरह बंधे होने के कारण शुक्राणुओं की रक्षा होती है। यह गलत विचारों को नियंत्रित करने में भी मददगार होता है इसी कारण लंगोट ब्रह्मचर्य को बनाए रखने के लिए उत्तम साधन है ।

बाबा महाराज को मर्दानी धोती चढ़ने का रहस्य-

भारत एक विविधता पूर्ण देश है, जिसमे अलग-अलग संस्कृतियां, धर्म, और रीत- रीवाज हैं। हमारी संस्कृत में धोती का कई कारणों से बहुत महत्व है । कुछ लोग आराम देह होने के कारण धोती पहनना पसंद करते हैं। कुछ लोग धार्मिक कारणों से धोती पहनते हैं। अब समय के बदलाव के साथ आपको धोतीयों कि कई डिजाइन और रंग मिल सकते हैं। इस चलन के कारण भी लोग धोती के प्रति आकर्षित हुए है।

भारतीय संस्कृत में धोती का महत्व क्यों है?

प्राचीन काल से ही भारतीय संस्कृति में धोती का बहुत महत्व रहा है, क्योंकि इसका सामाजिक महत्व है। इसके अलावा हमारे देश के आरंभिक समय से ही धोती हमेशा से ही उच्च और शक्तिशाली लोगों के बीच वर्ग का प्रतीक रही है।

भारत में लोग अपने पवित्र अवसरों पर धोती पहनते हैं क्योंकि उन्हें लगता है कि यह एक पवित्र आरामदायक और प्रतिष्ठित पोशाक है। पहले धोती पुरुषों के लिए एक साधारण पहनावा थी लेकिन अब समय के साथ यह विशेष अवसरों और उत्सवों के लिए एक पोषक बन गई है। धोती का फैशन हमारे तमिलनाडु में शुरू हुआ और वहाँ इसे वेष्टि कहा जाता है।

राजसीपन का प्रतीक- यह एक ऐसा परिधान है जिसे प्राचीन शासकों और राजाओं द्वारा पहना जाता रहा है, इसलिए भारतीय संस्कृति में धोती का महत्त्व

प्राचीन काल से ही जारी है। माना जाता है कि चांदी या सुनहरे रंग का बॉर्डर वाली धोती सम्मान और गरिमा प्रदान करती है।

इतिहास से जुड़े होने के सबूतों में स्वतंत्रता सेनानियों को धोती पहने हुए देखा गया है। इसी वजह से आधुनिक भारतीय राजनैतिक नेताओं द्वारा भी धोती पहनना पसंद किया जाता है।

धोती की बनावट- कपड़े का आयताकार टुकड़ा होता है जिसे कमर और पैरों के चारों ओर लपेटा जाता है। यह आमतौर पर कपास या रेशम से बना होता है। धोती की लंबाई अलग-अलग हो सकती है लेकिन यह आमतौर पर चार से सात गज (3.7 से 6.4) मीटर होती है।

देवताओं द्वारा पहना गया वस्त्र-

जी हां, कई हिंदू भगवानों को धोती पहने हुए दिखाया गया है, जिसे हिंदू संस्कृति में पवित्र और शुद्ध वस्त्र माना जाता है। यहां कुछ उदाहरण प्रस्तुत है-

भगवान विष्णु- ब्रह्मांड के संरक्षक भगवान विष्णु को धोती पहने हुए और कंधे पर लंबा दुपट्टा या शॉल (उत्तरिया) लपेटे हुए दिखाया जाता है। यह उनकी शाही स्थिति और धर्म रक्षक के रुप में उनकी भूमिका का प्रतीक है।

भगवान गणेश- बुद्धि समृद्ध के देवता, भगवान गणेश को अक्सर धोती और धड़ के चारों ओर पवित्र धागा (उपवीत) पहने हुए दिखाया जाता है। यह ब्राह्मण या पुरोहित वर्ग के रूप में उनकी स्थिति का प्रतीक है।

भगवान कृष्ण- प्रेम और करुणा के देवता भगवान कृष्ण को अक्सर धोती और सिर पर मोर पंख पहने हुए दिखाया जाता है। यह उनके चंचल और लापरवाह स्वभाव का प्रतीक है।

भगवान राम- हिंदू महाकाव्य रामायण के महानायक भगवान श्रीराम को अक्सर धोती और सिर पर मुकुट या पगड़ी पहने हुए दिखाया जाता है। यह उनके राजा और धार्मिक, न्यायप्रिय स्वभाव का प्रतीक है।

वैदिक शिक्षा पद्धति में ब्रहमचारी को धोती पहनें की अनिवार्यता- जब हम वैदिक शिक्षा पध्दति की बात करते हैं तो उसके कड़े नियमों का अनुसरण सबसे पहले होता है उन्ही व्रतों में से एक व्रत होता है गुरुकुल की परंपरा का निष्ठा पूर्वक निर्वहन करना एवं गुरुकुल की परंपरा के अनुसार गुरु के साथ-साथ प्रत्येक ब्रहमचारी शिष्य जो दीक्षा दीक्षा प्राप्त करता है उसे धोती पहनना अति आवश्यक है। इसके

अलावा जो भी ब्रह्मचारी, उपरोहित, कर्मकांडी ब्राह्मण की भूमिका निभाएगा उसे जीवन पर्यंत धोती पहननी पड़ती है।

इसके संदर्भ में दो पंक्तियां प्रस्तुत करता हूं-

" जिस प्रकार बिना गंगाजल के पूजा पद्धति की शुद्धता पर प्रश्न उठता है उसी भाँति बिना धोती के पुरुष के शुद्ध पहनावे पर प्रश्न उठता है।"

निष्कर्ष- परम पूज्य बाबा महाराज महान ब्रह्मचारी हैं एवं उन्होंने अपना संपूर्ण जीवन ब्रह्मचर्य की घोर साधना में व्यतीत किया था। आप सभी ने ऊपर पढ़ ही लिया है कि किस प्रकार मर्दानी धोती, खड़ाऊ व लंगोट एक ब्रह्मचारी के लिए आवश्यक है। जो ब्रह्मचारी के परम पवित्रता को खंडित नहीं होने देता । इसी कारण श्रद्धास्पद बाबा महाराज को ये चीजें अत्यंत प्रिय हैं और प्रतिदिन सुबह-शाम उनकी पूजा में तीन धोती व एक तिकोना लंगोट पहनाया जाता है साथ ही साथ एक खड़ाऊ चढ़ाया जाता है।

भक्त जिनकी इच्छाएं/ मनोकामनाएं पूर्ण होती हैं या जो भक्त मंदिर पर विशेष पूजा कराता है वो इन सभी चीजों को अवश्य चढ़ाता है। श्री सुदिष्ट बाबा महाराज की पूजा में इनकी विशेष महत्ता है।

5.4

बाबा महाराज के हाथों में कमंडल व त्रिशूल शोभित होने का रहस्य

सर्वप्रथम आइए जानते हैं कमंडल के बारे में-

(संस्कृत : कमण्डलु, कामण्डलु), कमंडल , या कमंडलम एक आयताकार पानी का बर्तन है, जो भारतीय उपमहाद्वीप से उत्पन्न हुआ है , जो सूखे लौकी (कद्दू) या नारियल के खोल, धातु, कमंडलतरु वृक्ष की लकड़ी, या मिट्टी से बना होता है, आमतौर पर एक हैंडल के साथ और कभी-कभी टोंटी के साथ। हिंदू तपस्वी या योगी अक्सर इसका इस्तेमाल पीने के पानी को संग्रहित करने के लिए करते हैं। पानी से भरा कमंडलु, जिसे हमेशा तपस्वियों द्वारा लिया जाता जाता है, एक सरल और आत्मनिर्भर जीवन का प्रतिनिधित्व करता है।कमंडल का उपयोग हिंदू प्रतीक-शास्त्र में भी किया जाता है , जिसमें तप या जल से संबंधित देवताओं का चित्रण किया जाता है । इसलिए, इसे हिंदू धर्म में तप के प्रतीक के रूप में देखा जाता है। कमंडल का उपयोग जैन भिक्षुओं और कुछ बोधिसत्वों के चित्रण में भी किया जाता है ।

हिन्दू धर्म के अनुसार कमंडल-

कमंडल में पानी अमृत का प्रतिनिधित्व करता है, जीवन का अमृत, इस प्रकार यह उर्वरता, जीवन और धन का प्रतीक है। कमंडल को अक्सर देवताओं के हाथों में दर्शाया जाता है, जो शिव और ब्रह्मा की तरह तपस्वी के रूप में दिखाई देते हैं और साथ ही वरुण , गंगा (गंगा नदी) और सरस्वती जैसे जल देवी/देवता भी हैं । आदि शंकराचार्य के अष्टोत्तरम भजन में शिव की स्तुति की गई है जिनके हाथ कमंडल से सुशोभित हैं। अन्य देवता जैसे अग्नि देवता और देवताओं के गुरु बृहस्पति को

कमंडल ले जाते हुए दर्शाया गया है। देवी करमगमलाधारिणी को कमंडल की माला पहने हुए वर्णित किया गया है। देवी महात्म्य पाठ में देवी ब्राह्मणी।

कई पौराणिक कहानियों में कमंडल का उल्लेख है। भगवान विष्णु के बौने अवतार वामन ने दैत्य राजा महाबली से तीन पग भूमि मांगी। कमंडल से जल डालकर भूमि का दान पवित्र किया जाता है। जब दैत्यों के गुरु शुक्र ने कमंडल की टोंटी को बंद करके पानी के प्रवाह को रोकने की कोशिश की, तो महाबली ने एक छड़ी से टोंटी को छेद दिया, जिससे शुक्र अंधे हो गए। भागवत पुराण में , राजा सत्यव्रत ने शुरू में मत्स्य (भगवान विष्णु के मछली के रूप में अवतार) को, जो उन्होंने नदी में पाया था, उसे बड़ी मछली से बचाने के लिए अपने कमंडल में डाल दिया। बाद में, मछली ने बड़ी होकर राजा व हिंदू पौराणिक कथाओं को महान जलप्रलय से बचाया।

पौराणिक सरस्वती नदी की उत्पत्ति की किंवदंतियाँ सृष्टिकर्ता-देवता ब्रह्मा के कमंडल से जुड़ी हैं। ऐसा माना जाता है कि गंगा नदी भी ब्रह्मा के कमंडल से होकर बहती है। गंगा के जन्म के बारे में एक किंवदंती कहती है कि ब्रह्मा ने वामन के पैर के अंगूठे को धोया और पानी को अपने कमंडल में इकट्ठा किया, जो गंगा नदी में बदल गया।

एक अन्य नदी सिलम्बू की उत्पत्ति की एक समान कहानी है। जब ब्रह्मा ने अपने कमंडल के जल से वामन के पैर धोए , तो वामन के पैर से एक बूंद धरती पर गिर गई और नदी में बदल गई। तीर्थ स्थान दर्श पुष्करिणी के बारे में एक और पौराणिक कथा बताती है कि कैसे ऋषि अगस्त्य ने कावेरी नदी को अपने कमंडल में बंद कर लिया , जब उसने उनके विवाह के प्रस्ताव को अस्वीकार कर दिया। इससे क्षेत्र में अकाल पड़ा और, यह देखते हुए, कावेरी कमंडल से बच निकली लेकिन ऋषि के श्राप से और अंततः दर्श पुष्करिणी में शुद्ध हुई। एक संस्करण बताता है कि कावेरी के कारावास से क्रोधित होकर, भगवान गणेश ने एक कौवे के रूप में अगस्त्य के कमंडल को नीचे धकेल दिया, श्री रोमेश कुमार द्वारा वर्णित कश्मीर की शारदा किंवदंतियों (मौखिक परंपरा पर आधारित) में कहा गया है कि जब रावण राम के साथ युद्ध में व्यस्त था , तो देवी पार्वती ने राम से स्वयं को युद्ध स्थल से दूर उत्तराखंड ले जाने की सलाह दी। इस प्रकार, पार्वती को हनुमान ने एक कमंडल में जल के रूप में ले जाकर जहां भी वह रहना चाहती थीं, वहां छोड़ दिया। उत्तराखंड के रास्ते में जहां भी हनुमान ने विश्राम किया, कमंडल से जमीन पर गिरने वाले पानी की बूंदों से गुशी में मसानग झरने और कश्मीर के टिकर में देवीबल झरने का निर्माण हुआ। कमंडल को पास की पहाड़ी में

रखा गया जहां पार्वती ने विश्राम किया था जबकि एक शारदा मंदिर मौजूद है। मध्य प्रदेश में नर्मदा नदी के स्रोत अमरकंटक में एक प्राचीन कमंडल से है जो हमेशा पानी से भरा रहता है, उसे भृगु कमंडल कहा जाता है।

गरुड़ पुराण में कहा गया है कि श्राद्ध (अंतिम संस्कार) समारोह में कमंडल का दान यह सुनिश्चित करता है कि मृतक को उसके परलोक की यात्रा में पर्याप्त पीने का पानी मिले।

बौद्ध धर्म और जैन धर्म के अनुसार कमंडल-

बौद्ध लोग अनुष्ठानों से पहले लोगों की हथेलियों पर कमंडल से पानी डालते हैं, जहाँ पानी जीवन के अमृत का प्रतीक है। इसे भूम्बा भी कहा जाता है। मैत्रेय और अवलोकितेश्वर जैसे बोधिसत्वों को कमंडल ले जाते हुए दर्शाया गया है। कमंडल को शुरू में हिंदू धर्म से बौद्ध धर्म में भगवान ब्रह्मा के माध्यम से मैत्रेय के माध्यम से आयात किया गया था; बाद में इसे कई महायान बौद्ध देवताओं के प्रतिनिधित्व में शामिल किया गया।

जैन दिगंबर ऋषि कमंडल का उपयोग "शौचालय प्रयोजनों" के लिए पानी के भंडारण के लिए करते हैं।

कमंडल बनाने की विधि-

कमंडल को कई तरह की सामग्रियों से बनाया जा सकता है, जिसमें धातु, मिट्टी, लकड़ी और सूखी लौकी शामिल हैं। लौकी का कमंडल बनाने के लिए , एक पकी हुई लौकी तोड़ी जाती है और उसके अंदर के बेर और बीज साफ किए जाते हैं। इससे केवल बाहरी छिलका बचता है, जिसे कमंडल के रूप में इस्तेमाल किया जाता है। आध्यात्मिक स्तर पर इसे व्यक्ति से अहंकार को दूर करने के रूप में समझा जाता है। पकी हुई लौकी व्यक्ति का प्रतिनिधित्व करती है और इसके बीज अहंकार है। इस प्रकार बीज को साफ करना अहंकार को दूर करने का प्रतीक है, जो एक शुद्ध व्यक्ति का निर्माण करता है जो आत्म-साक्षात्कार को स्वीकार करने के लिए उपयुक्त है।

बाबा महाराज के कमंडल धारण करने के रहस्य की व्याख्या- कमंडल की पूर्ण व्याख्या पढ़ने के बाद ये पता चलता है कि परम पूज्य बाबा महाराज ब्रह्मचारी होने के साथ-साथ तपस्वी भी थे इसका जीवंत उदाहरण उनका कमंडल धारण करना है। एक बेहद रोचक प्रसंग यह है कि लगभग एक शताब्दी पहले जब उपरोहित ब्राह्मण किसी वस्तु का दान लेते थे तो उसे कमंडल के जल से शुद्ध करते थे तभी वह ब्राह्मण के

लेने योग्य होता था। कमंडल बाबा महाराज के पारलौकिक सत्ता का भी वर्णन करता है क्योंकि कमंडल ब्रह्मा के हाथों में सुशोभित होता है इसका वर्णन मैंने किया है, जैसा कि आप जानते हैं ब्रह्म को ब्रह्मा का प्रतिबिंब माना जाता है इस नाते कमंडल बाबा महाराज के देव होने की व्याख्या करता है।

कमंडल को लेकर भक्तों के मन में एक और व्याख्या है जो इस प्रकार है कि बाबा महाराज प्रतिदिन गंगा स्नान करने के उपरांत अपने कमंडल में गंगाजल लेकर आते हैं और कमंडल के उसी जल से भगवान की पूजा करते हैं एवं बचे हुए जल को अपने भक्तों पर अदृश्य रूप में डालकर आशीर्वाद देते हैं। भक्तों पर कमंडल का जल पड़ने से वे शुद्ध हो जाते हैं जिससे आत्मा का परमात्मा से मिलन आसान हो जाता है।

आइए जानते हैं त्रिशूल के बारे में-

त्रिशूल एक परम्परागत भारतीय हथियार है। यह एक हिन्दू चिन्ह की तरह भी प्रयुक्त होता है। यह एक तीन चोंच वाला धात्विक सिर का भाला या हथियार होता है, जो कि लकड़ी या बाँस के डण्डे पर भी लगा हो सकता है। यह हिन्दु भगवान शिव के हाथ में शोभा पाता है। यह शिव का सबसे प्रिय अस्त्र हैं शिव का त्रिशूल पवित्रता एवम् शुभकर्म का प्रतीक है। प्रायः सभी शिवालय (शिव के मन्दिर) में त्रिशूल अनिवार्य रूप से स्थापित किया जाता है जिसमें सोने चाँदी ओर लोहे की धातु से बने त्रिशूल ज्यादातर शिवालय में दिखाई देते हैं। बिना त्रिशूल के शिवालय अधूरा है। शिवरात्रि मे मन्नत पूरी होने पर भगवान शिव को त्रिशूल अर्पित किया जाता है। शारदीय नवरात्रि के समय घरों में भी घट स्थापना और जबारे लगाई जाती है जिसमे त्रिशूल बने (देवी दुर्गा की मूर्ति) की पूजा सम्पन्न की जाती है। शारदीय नवरात्रि के समय देवी दुर्गा की मिट्टी की प्रतिमा स्थापित करते समय इस अस्त्र की विशेष महत्ता होती है। चैत्र और शारदीय नवरात्रि के समय नौ दिनों तक इसकी आराधना कर नवरात्रि की पूजा सम्पन्न की जाती है। माँ दुर्गा, माँ काली और भगवान शिव के अवतार भैरवनाथ का अस्त्र भी त्रिशूल को बताया गया है। इसी त्रिशूल से भगवान शिव ने उनके पुत्र गणेश का सिर अलग किया था।

त्रिशूल किसको दर्शाता है ?- भगवान शिव का त्रिशूल तीनो कालो को दर्शाता है . यह भूत , वर्तमान और भविष्य का सांकेतिक भाव है। शिव जी के हाथ में त्रिशूल यह सन्देश देता है कि भगवान शिव के अधीन ही तीनो समय के काल है। इसके अलावा त्रिशूल तीनो तत्वों को भी दर्शाता है जो सत, तम और रज गुण है। इन

तीनो गुणों पर शिव जी ने विजय प्राप्त कर रखी है।

तीन शूलों का है ये सम्बन्ध त्रिशूल- त्रिशक्ति - अर्थात् ब्रह्मा , विष्णु और महेश, जो जन्म , पालन और मृत्यु के चक्र से समस्त संसार को चलाते है | इसी तरह यह तीनो काल भूत , वर्तमान और भविष्य को भी दर्शाता है | इन तीनो शक्तियों के सामंजस्य से ही समस्त ब्रहमांड की गतिविधियाँ संचालित होती है | त्रिशूल यह भी संकेत करता है कि महादेव त्रिकालदर्शी है जो समस्त ज्ञान को अपने अन्दर समेटे हुए है |

भगवान शिव के त्रिशूल धारण करने के पीछे शास्त्रों और पुराणों में सबसे सरल महादेव को बताया गया है और इनसे जुड़े कई ऐसे राज है जिनका ज्ञान किसी को भी सही-सही नही है | भगवान शिव से जुड़ी कई रोचक बाते, इन्हे सभी से अलग दिखाती है | इनसे जुड़ी हर वस्तु का बहुत बड़ा महत्व और सार है ।

त्रिशूल से जुड़ी मान्यताएं-

* भगवान शिव को समुद्र मंथन के दौरान भगवान विष्णु ने त्रिशूल दिया था।

* कुछ पौराणिक कथाओं के मुताबिक, देवी दुर्गा ने त्रिशूल दिया था।

* शिव पुराण के मुताबिक ब्रह्मनाद से जब भगवान शिव प्रकट हुए तब उनसे रज, तम और सत गुण भी प्रकट हुए। इन तीनों गुणों से मिलकर त्रिशूल बना।

* त्रिशूल पृथ्वी के तीन प्रारूप आविष्कार, रखरखाव और तबाही को दर्शाता है।

बाबा महाराज के त्रिशूल धारण करने का रहस्य- त्रिशूल की गाथा पढ़कर यह बात स्पष्ट है कि ये महाविनाशक अस्त्र है जो देवी, देवताओं द्वारा दुष्टों व आताताइयों का मर्दन करने के लिए काम आता है। जहां तक मेरा विचार है बाबा महाराज के त्रिशूल धारण करने के पीछे का रहस्य भी दंड विधान से ही जुड़ा है। जैसा कि हम सभी इस बात से भली-भाँति परिचित हैं कि बाबा परम कृपालु होने के साथ-साथ महान दंडाधिकारी भी हैं जो प्रत्येक दोषी को दंडित करते हैं जो प्रत्यक्ष या अप्रत्यक्ष रूप से उनका या उनके किसी भक्त का गुनेहगार होता है। बाबा महाराज को जब किसी गुनेहगार का मर्दन करना होता है तभी वो अदृश्य रूप में त्रिशूल धारण करते हैं अन्यथा की अवस्था में सोटा धारण करते हैं जो इस बात को प्रमाणित करता है कि जिस प्रकार घर के बुजुर्ग सोटा लेकर घर के अग्र भाग में विराजित रहते हैं ताकि किसी प्रकार की अराजकताएं घर में प्रवेश न करें। उसी प्रकार बाबा महाराज सोटा लेकर

भक्त के जीवन रूपी मकान के अग्र द्वार पर विराजित होकर सभी प्रकार के कार्यों को सिद्ध करते हैं और किसी प्रकार की नकारात्मक उर्जा शरीर में वास ना करें इसको सुनिश्चित करते हैं।

बाबा महाराज के त्रिशूल धारण करने के संदर्भ में कुछ पंक्तियां प्रस्तुत करता हूँ-

जब बाबा धारण करें त्रिशूल।
सब पापी याद करें अपनी भूल।।
बाबा महाराज के त्रिशूल का वार न जाए खाली।
सब दुष्टों को दंड मिले हाली-हाली।।
जब बाबा महाराज चलावें अपना दंड विधान।
सब दुष्टों का मर्दन कर निकाले उनके प्रान।।

6.

ब्रह्म/बरम देव कौन होते हैं और कैसे बनते हैं

ब्रह्म देव या बरम देव एक ही होते हैं, अलग-अलग क्षेत्रों में भिन्न-भिन्न नामों से पुकारे जाते हैं अर्थात् ब्रह्म व बरम एक ही सिक्के के दो पहलू हैं। अकाल मृत्यु प्राप्त कर प्रेत योनि में जाने वाले सभी लोगों को बरम बाबा नियंत्रित करते हैं। ये काम ब्रह्म/बरम देव का नहीं होता है यद्यपि इनका मंदिर होता है जिसमें पिंडी बनी होती है एवं पीपल के वृक्ष में वास करने वाले बरम बाबा हैं संपूर्ण भारत में जहां मंदिर होगा वहां पीपल का वृक्ष अवश्य मिलेगा। लोग श्रद्धा से मंदिर जाते हैं तो देवी-देवता, भगवान आपकी भक्ति को देखकर दृष्टि करते हैं जिससे मंदिर के बरम बाबा आपके जीवन व घर की नकारात्मक ऊर्जा को पकड़ लेते हैं। तंत्र का कार्य बरम बाबा करते हैं एवं बरम/ब्रह्म देव सिद्धिधारी होते हैं जो देव के पद पर अलंकृत होते हैं। बरम बाबा व ब्रह्म देव किसी भी स्थान पर आ जा सकते हैं। ये श्मशान से लेकर मैली क्रिया एवं देवी-देवताओं के दरबार में जा सकते हैं और उनके मंत्र को काट सकते हैं लेकिन अपने स्तर की सीमा तक ही। बरम बाबा एवं ब्रह्म देव बहुत शक्तिशाली होते हैं उनके सामने मसान नहीं चलते, जिन-जिन्नाद नहीं चलते,बुरी शक्तियां नहीं चलती हैं। ब्रह्म देव के कार्य में देवी/देवता भी बाधा नहीं डालते क्योंकि ये किसी ईश्वरीय तत्व के निर्देश पर ही कार्य करते हैं और स्वयं भी ये भक्तों को सुरक्षित रखने के लिए पीछे नहीं हटते हैं। हनुमान जी के मंदिर में, शिव जी के मंदिर में एवं देवी के मंदिर में प्रायः बरम बाबा पाए जाते हैं और मंदिर प्रांगण में स्थित पीपल के पेड़ में वास करते हैं जिनकी पूजा भी सभी भक्त भगवान व देवी की पूजा के बाद करते हैं जिससे ये मंदिर में आता जाता देख मंदिर के देवता के इशारे पर आपके बिगड़े कार्य बनाते हैं। ब्रह्म देव महाधर्मी होते हैं ये अपने भक्तों का कल्याण ही करते हैं परंतु बरम बाबा कभी-कभी गलत में भी

जाते हैं क्योंकि ये मैली क्रियाओं को भी काटते हैं या किसी ने मना कर भेजा होता है लेकिन ये महिलाओं के ऊपर नहीं जाते हैं। ब्रह्म/बरम देव सभी बरम बाबाओं के मुखिया होते हैं। ब्रह्म देव को हनुमान जी की भक्ति बेहद प्रिय है साथ ही साथ शिवजी का अभिषेक करते हैं। ब्रह्म देव, बरम बाबा के साधक होते हैं। ब्रह्म देव पूजा-अर्चना भी करते हैं रामचरितमानस, हनुमान चालीसा, सुंदरकांड, देवी का पाठ, शिव पुराण आदि का पाठ करते हैं। ब्रह्म देव का रूप अलौकिक होता है लगभग सत्तर फीट ऊंचा विशाल काया , जनेऊ, खड़ाऊ, लंगोट, लाल या सफेद धोती होती है उनके चलने पर खटपट-खटपट खड़ाऊ की आवाज आती है जिनकी दिव्यता अलौकिक होती है अगर कोई देख ले तो केवल देखता रह जाए। ये सभी दिव्य सिद्ध संत होते हैं अक्सर युवा ब्राह्मण पुत्र जो उपरोहित या कर्मकांडी होते हैं या वेद, उपनिषद के ज्ञानी हों किसी दुर्घटना में मरा हो या किसी रंजिश में प्राण त्यागा हो उसके बाद दस साल से ज्यादा समय तक गंगा स्नान करके ईश्वर की पूजा करते हैं। जिससे देव तत्व निहित हो जाते हैं और शक्ति वश में हो जाती है जो लोगों का कल्याण करने में मददगार होती है।

बरम बाबा की जिम्मेदारी होती है मंदिर की सुरक्षा करना इन्हीं की जिम्मेदारी होती है भगवान व देवी के कार्यों को सिद्ध करने की। हमारे क्षेत्रपाल, शीतला, काली, मदानन सभी के दिशा निर्देश पर प्रेतों को बरम बाबा नजदीक के पीपल के वृक्ष में रखकर नियंत्रित करते हैं एवं जब चलते हैं तो इन्हें लेकर चलते हैं जिससे उनकी सेना हजार, दस हजार व लाख में भी होती है। सबसे महत्वपूर्ण बात यह है कि बरम बाबा, ब्रह्म देव के इशारे पर कार्य करते हैं और अगर ब्रह्म देव इशारा करते हैं तो भक्तों को पीड़ा देने वाले को दंडित भी करते हैं। बरम बाबा पिशाचिनी, शोधनी व पंचान्गुली से भी तेज होते हैं। पर्चा बनाने वाले लोग बरम बाबा की मदद से सब कुछ जान लेते हैं क्योंकि वो ज्योतिष शास्त्र, हस्त रेखा को पढ़ने, काल ज्ञान के जानकार होते हैं उन्होंने पढ़ाई की होती है, नारायण की सेवा की होती है जिससे मृत्यु के बाद देव तत्व उनमें में निहित हो जाते हैं जिससे वो सारे कार्य सिद्ध कर लेते हैं वहीं बरम/ब्रह्म देव इनके भी गुरु होते हैं वो इनसे भी तीव्र होते हैं परंतु वो किसी पर्चा बनाने वाले के कहे में आकर कुछ नहीं बताते। ये प्रेत योनि से ऊपर उठकर देव योनि में चले गए होते हैं जिस प्रकार आपके लिए आपके पित्र भी देव योनि में होते हैं। ब्रह्म देव मन की गति से आते जाते हैं। बरम बाबा गद्दी लगाने में मददगार होते हैं इसलिए गद्दी हनुमान जी व अन्य देवताओं के नाम से लगती है वहीं देवी के नाम से गद्दी लगाने वाले उतनी सटीक जानकारी नहीं देते। गद्दी या तो मसानी से लगती है या बरम बाबा की मदद से लगती

है। मसानी देवी के गद्दी पर सारी बातें बताती हैं और बरम बाबा देवताओं की गद्दी पर सारी बातें बताते हैं। बरम/ब्रह्म बाबा किसी भी कार्य को सिद्ध कर सकते हैं किसी भी देवी/देवता को निवेदन कर रोक सकते हैं यदि ये प्रसन्न है तो सब कुछ दे सकते हैं और अगर रुष्ट हुए तो सब कुछ ले सकते हैं तो सोचिए जिसकी ये साधना करते हैं वो बरम/ब्रह्म देव कितने सामर्थ्यवान होंगे वो क्या-क्या कर सकते हैं। ब्रह्म देव की कृपा से अद्भुत तेज आ जाता है ईश्वर की भक्ति प्राप्त होती है और अगर नाराज हुए तो घर में औरतों के बच्चे गिरना, चक्कर खाकर गिरना, पेट की समस्या, लिवर खराब सब कष्ट देते हैं या यूं कहूं जो कष्ट आपको बृहस्पति व राहु, गुरु-चांडाल दोष मिलकर आपकी कुंडली में मिलता है वो इनके नाराज होने मात्र से मिलता है और जो प्रसन्न हो जाए तो जो सुख बृहस्पति देता है वो इनके इशारे से मिलता है। ब्रह्म देव बैठकर सारे कार्य करा देते हैं वो अद्भुत सिद्धि के स्वामी होते हैं। इनकी साधना हनुमान जी की भाँति परम सात्विक है। इनके पीछे इनके आराध्य भगवान का हाथ होता है जो इनके देव तत्व को निरंतर बढ़ाते रहते हैं। इनकी साधना से एक दिन में, सप्ताह भर में, महीने भर में, या तीन महीने के अंदर-अंदर आपके मनोरथ सिद्ध होने लगेंगे जो जीवन पर्यंत करते रहेंगे यदि आप सत मार्ग पर चलते हैं। ब्रह्म देव एक अद्वितीय शक्ति हैं।

आइए जानते हैं कि बरम/ब्रह्म कितने प्रकार के होते हैं-

1. हड़कसा बरम- ब्राह्मण का कोई संतान गर्भ में खत्म हो जाए और वो प्रेत योनि में जाता है तो उसे हड़कसा बरम कहते हैं। ये बरम अपनी मां के पास ही रहेगा और उसी को परेशान करता रहेगा।

2.बाल बरम- ब्राह्मण का कोई संतान पैदा होने के बाद अकाल मृत्यु को प्राप्त करता है तो उसे बाल बरम कहते हैं। यह बरम घर में ही रहता है एवं कलेश करता रहेगा।

3.अंशनी बरम- युवा अवस्था में कोई ब्राह्मण किसी रंजिश के कारण अनशन से प्राण त्याग देता है या आत्महत्या कर लेता है तो वह अंशनी बरम बनता है। ये रौद्र रूप धारी होते हैं जिसके ऊपर क्रोधित होते हैं उसको नष्ट कर देते हैं परंतु कभी-कभी योग सिद्धि के पश्चात ये ब्रह्म देव बन जाते हैं फिर पूजा करने पर कृपा भी करते हैं।

4.बरम राक्षस- वो ब्राह्मण जो ब्राह्मण धर्म का पालन नहीं करता शराब का सेवन व असात्विक मांसाहारी भोजन करता हो ऐसे लोग ब्रह्म राक्षस बनते हैं जो लोगों को कष्ट देते हैं। ये परेशान करते हैं कहते हैं आपको बचा रहा हूं पर ये एक

कदम आगे बढ़ाकर पीछे घसीटते हैं, दोहरे स्वभाव वाले होते हैं। ये तड़पा-तड़पा कर परेशान करते हैं।

5.ब्रह्म देव- ये शिव के भक्त होते हैं। हनुमान जी के साथ चलते हैं एवं मंदिर में पूजा-अर्चना के लिए भी जाते हैं। ये अद्भुत दीप्तिमान काया वाले सत्तर फीट लंबे होते हैं। किसी ब्रह्म देव की दाढ़ी होती है और किसी की नहीं एवं ये त्रिशूल या शंसा लिए होते हैं। इनकी काया को देखो तो देखते रह जाओ। ये सिध्दीधारी व ताकधारी होते हैं एवं ब्रह्मफास लेकर चलते हैं। भूत, प्रेत, जिन्न, मसान सबको पल भर में हटा सकते हैं और काल पिशाच में कर्ण पिशाच, शोधनी व शोधमति सबके बाबा होते हैं ये सबसे तेज काल ज्ञान देते हैं। ये कितना कल्याण कर सकते हैं वो इनकी साधना पर निर्भर करता है।

6.दोगला बरम- ब्राह्मण पुत्र या पुत्री किसी अन्य जाति या धर्म में संबंध बनाकर जब बच्चा गिरा देते हैं तो दोगला बरम बनता है। ये बहुत गंदे होते हैं इनको अच्छाई से मतलब नहीं होता ये गंदी से गंदी जगह पर जा सकते हैं एवं गंदा से गंदा काम कर सकते हैं। ये महिलाओं को परेशान करते हैं एवं बदमाश तरह के होते हैं। ये जो कहते हैं वो करते नहीं इसी कारण इन्हें दोगला बरम कहते हैं। ये इतना परेशान करते हैं कि छोड़ने के बाद भी साल भर देसी घी पिलाने पर शरीर सुधरता है।

बरम/ ब्रह्म देव सेवा से भी प्रसन्न होते हैं और मंत्र से भी सिद्ध होते हैं। अगर ये अपनी कृपा कर दिए तो किसी भी प्रकार के बरम, जिन्न, मसान, भूत, प्रेत, शाकनी, हाकनी, डाकनी, यक्षिणी को पल भर में हटा सकते हैं।

परम पूज्य श्री सुदिष्ट ब्रह्म (बाबा महाराज) शुरू में अंशनी ब्रह्म थे जो घनघोर तांडव से सबको अपने न्याय का चमत्कार दिखाए और अपनी जमीन को किसी को छूने तक नहीं दिए परंतु जब उन्होंने वर्षों गंगा स्नान कर भगवान की आराधना की तो ब्रह्म देव बन गए जो लोगों का कल्याण करने लगे। वर्तमान में वो साक्षात् देव हैं जो भक्तों के कल्याणार्थ विराजित हैं। बाबा बड़ा सात्विक विचार करने वाले हैं एवं इनको बताशा, पंच मेवा, नारियल का गोला, लाचीदाना, रोट, लड्डू, किशमिश इत्यादि चढ़ता है।

7.

मंदिर का विकास एवं पंडित जगन्नाथ शुक्ला (द्विज जी) का योगदान

श्री सुदिष्ट ब्रह्म देव (बाबा महाराज) की सत्ता स्थापित हुए लगभग तीन सौ वर्ष बीत चुके थे, यद्यपि उनकी पूजा अर्चना अठारहवीं शताब्दी से ही प्रारंभ हो गई थी साथ ही साथ ग्रामीण उन्हें देव के रूप में बहुत पहले से पूजते थे। बाबा महाराज का चौरा बिसेनपुर, परानीपुर, मेजा, प्रयागराज में विद्यमान था लेकिन आजादी के तीन दशक बाद तक उनके मन्दिर का निर्माण नहीं हुआ था एवं बाबा की समाधि खुले वातावरण में ही थी। क्षेत्र के ग्रामीण बताते हैं 1920 ई. से 1925 ई. के मध्य बाबा महाराज के जन्मभूमि परानीपुर में ही उनके परम भक्त स्वर्गीय पंडित जगन्नाथ शुक्ला द्विज का जन्म हुआ था। बाबा के प्रति पंडित जी की भक्ति और निष्ठा अद्भुत थी, कुछ ग्रामीण तो यहां तक कहते हैं पंडित जगन्नाथ शुक्ला का जन्म बाबा महाराज की गाथा घर-घर पहुंचाने के लिए ही हुआ था वे अवतार लेकर आए थे। अर्थात् लोग उन्हें बाबा द्वारा भेजा गया दूत मानते हैं। पंडित जगन्नाथ शुक्ला द्विज बचपन से ही परिवार के बुजुर्गों से बाबा महाराज की अद्भुत कथा को सुनते हुए बड़े हुए थे इसी कारण यह कहा जा सकता है कि बाबा के प्रति उनकी भक्ति को दिशा देने में उनके परिवार का बहुत बड़ा योगदान था। बढ़ती उम्र के साथ श्री द्विज जी के मन में बाबा के लिए कुछ करने की इच्छा तीव्र होती गई एवं जब उन्होंने अपना आधा जीवन व्यतीत कर लिया अर्थात् आजादी के लगभग दस-पंद्रह वर्षों बाद तो वो बाबा के अनन्य भक्ति में ऐसे मगन हुए कि उन्हें बाबा महाराज के अतिरिक्त कुछ और संसार में दिखाई देना ही बंद हो गया था। उनकी ऐसी उत्कंठा थी कि वो बाबा महाराज के लिए कुछ ऐसा करें जिससे बाबा के सेवक के रूप में वसुंधरा से विदा लेने के पश्चात भी उनका नाम याद

रखा जाए। सबसे बड़ी बात उन्होंने अपनी उत्कंठा को पूर्ण सिद्ध कर दिया आज उनके वसुंधरा से विदा लिए दशकों बीत चुके हैं परंतु बाबा महाराज के सबसे बड़े भक्त के रूप में किसी ने स्वर्गीय पंडित जगन्नाथ शुक्ला (द्विज जी) की जगह नहीं ली, वो कल भी बाबा के सबसे बड़े भक्त थे, आज भी हैं, और वसुंधरा के अंत तक रहेंगे। उनकी भक्ति सच्चे अर्थों में बाबा के समाधि पर सच्ची श्रद्धांजलि थी।

आइए जानते है पंडित जगन्नाथ शुक्ला द्विज के सराहनीय योगदान के बारे में- 1980 के दशक में बाबा के भक्त श्री द्विज जी ने बाबा के मंदिर के निर्माण के बारे में सोचा परंतु उनकी आर्थिक स्थिति इतनी सुदृढ़ नहीं थी कि वह स्वयं मंदिर का निर्माण करा सकें अतः उन्होंने लोगों से चंदे के रूप में आर्थिक मदद लेनी शुरू की परंतु उन दिनों संपूर्ण देश में आर्थिक तंगी का दौर था कोई भी पंडित द्विज की इतनी पर्याप्त मदद नहीं कर पा रहा था जिससे मंदिर का निर्माण हो सके क्योंकि हमारा क्षेत्र जिसको चौरासी कहते हैं कृषि आश्रित क्षेत्र था लोग मुश्किल से अपना जीविकोपार्जन करते थे ऐसे में कोई पंडित द्विज की लंबी मदद नहीं कर पा रहा था परंतु पंडित जी इन सभी परिस्थितियों के बावजूद जरा भी घबराए नहीं वो घर-घर जाते लोगों को बाबा के गुणों और चमत्कारों की कथा सुनाते और उनसे चंदा मांगते जो कुछ भी लोग देते जैसे दस पैसे, बीस पैसे क्योंकि वो दौर रुपए का नहीं पैसे का था, वही लेकर चले जाते थे यदि कोई पंडित जी से कहता कि कुछ दिनों बाद पैसे देगा तो पंडित जी खुशी-खुशी वहां से चले जाते और बताए हुए समय पर पुनः जाकर चंदे की राशि ले जाते, एक बड़ी रोचक बात यह भी है कि पंडित जी अपने डायरी में छोटे से छोटे योगदान की राशि को अंकित करते थे। पंडित जी वर्षों तक लोगों से मदद लेते रहे मंदिर का कार्य कराते रहे जिससे अंततः एक विशाल मंदिर बनकर तैयार हो गया। मंदिर बनने के उपरांत पंडित द्विज ने विधिवत पूजा अर्चना कराई मंदिर में जहां एक ओर बाबा महाराज साक्षात् आज भी विराजित है वहीं दूसरी ओर मंदिर प्रांगण में ही अन्य देवी-देवताओं के लिए एक सामूहिक मंदिर बनवाया गया और उनकी प्राण-प्रतिष्ठा कर पूजा-अर्चना शुरू की गयी थी। बिसेनपुर गांव को ब्रह्मपुरी के रूप में बसाने व ख्यातिबद्ध करने में पंडित द्विज ने अतुलनी कार्य किया था।

कैसे करते थे पंडित जगन्नाथ शुक्ला (द्विज जी) बाबा महाराज की लीलाओं का प्रचार- पंडित जी प्रातः बाबा महाराज की पूजा से निवृत्ति पाकर गांव-गांव जाते लोगों को बाबा की कथा सुनाते। उन्होंने बाबा महाराज के जीवन पर आधारित चार-पांच पेज की एक पत्रिका लिखी थी जिसे वो लोगों में बांटते थे इसके

अलावा बाबा महाराज की स्तुति चालीसा भी उन्हीं के द्वारा लिखी गयी थी। जो आज भी भक्तों द्वारा पढ़ी व गायी जाती है जिसको इसी अध्याय के अंत में प्रकाशित किया गया है, जो आप पढ़ सकते हैं, उसी चालीसा का गायन करते थे। जिस प्रकार लव-कुश ने रामायण का गायन कर भगवान श्री हरि के अवतार प्रभु श्री रामचंद्र के गुणों का प्रचार किया उसी भाँति पंडित जगन्नाथ शुक्ला ने बाबा के चालीसा का गायन कर उनके गुणों और चमत्कारों का प्रचार किया।

बाबा महाराज के बाकी मंदिरों का विकास- पूज्य बाबा महाराज की बढ़ती लोकप्रियता उनके चमत्कारों से प्रभावित होकर आस-पास के ग्रामीणों ने दो हजार के दशक में बाबा महाराज के और भी मंदिर बनाने का विचार किया, इसी कारण जहां-जहां बाबा महाराज का परेठ था अर्थात् जमीन थी वहां-वहां मंदिर की नींव डाली गई एवं सभी जगह मंदिर निर्माण किया गया। लोगों की ऐसी मान्यता थी कि बाबा के प्रत्येक परेठ में उनके शरीर से रक्त की बूंदे गिरी थी इसी कारण उन सभी जगह पर बाबा का चौरा निर्मित किया गया। जिस प्रकार देवी सती के शरीर के इक्यावन भाग अलग-अलग जगह गिरने पर वो शक्तिपीठ के रूप में धरा पर विद्यमान है उसी प्रकार बाबा के रक्त की धार गिरने के कारण सभी परेठों में उनका ब्रह्म पीठ बनाया गया ये सभी पीठ उसी भाँति गंगा की मिट्टी से पिंडी बनाकर स्थापित किए गए हैं जिस प्रकार मुख्य समाधि स्थल बिसेनपुर में बाबा का पीठ बना है।

बाबा महाराज के अन्य पीठ इस प्रकार हैं-

1. श्री सुदिष्ट ब्रह्म पीठ, परानीपुर ग्राम के मध्य (गृह धाम)
2. श्री सुदिष्ट ब्रह्म पीठ, परानीपुर प्रथम
3. श्री सुदिष्ट ब्रह्म पीठ, परानीपुर द्वितीय
4. श्री सुदिष्ट ब्रह्म पीठ, बारा, परानीपुर
5. श्री सुदिष्ट ब्रह्म पीठ, उरनाह, परानीपुर

इन सभी जगहों पर भी ग्रामीण पूजा-पाठ करते व करवाते रहते हैं।

मुख्य समाधि स्थल के वर्तमान विकास एवं मंदिर निर्माण की गाथा आगे के अध्याय में वर्णित करूंगा क्योंकि पुस्तक को समय की चाल पर आधारित गति से उद्धृत करना ही पुस्तक का सबसे बड़ा आकर्षण हैं।

श्री सुदिष्ट ब्रह्म (बाबा महाराज) के सभी पीठ

पीठ मुख्य समाधि स्थल

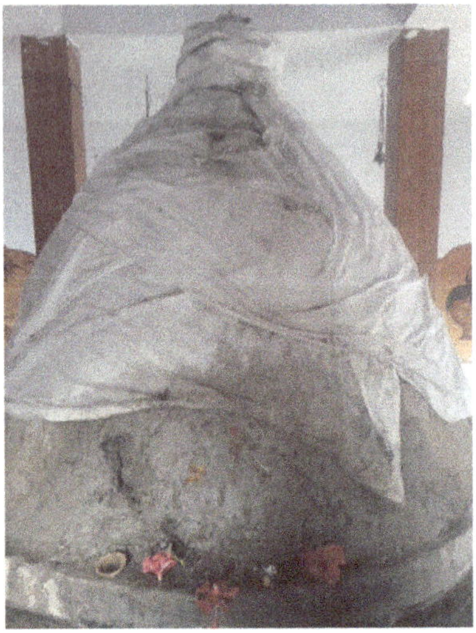

पीठ गृह धाम

पीठ बारा

पीठ परानीपुर प्रथम

पीठ परानीपुर द्वितीय

पीठ उरनाह

।।श्री सुदिष्ट ब्रह्म देव चालीसा।।

दोहा

श्री सुदिष्ट जी ब्रह्म को, विनय करौ कर जोर।
भक्तों को वर दे प्रभो, पुरवहिं आशा मोर।।

चौपाई

बहुत दिनों से थी अभिलाषा।
कहूँ कथा मन करि विश्वासा।।
नाम प्रताप अपार तुम्हारा।
करि वर्णन को पावाइ पारा।।
मैं तो महा मंद मति भाई।
ब्रह्म सुदिष्टहिं अर्ज सुनाई।।
लोभ मोह मद मत्सर माना।
षट विकार कँह कोष निधाना।।
ताहि दुरि करि सुमित प्रदाना।
बल बुद्धि दीजै दया निधाना ।।
दया दृष्टि सेवक पर कीजै।
आपनि भक्ति भक्त गुनि दीजै।।
अशरन के हो शरण देवैया।
दीननि की सुधि सदा लेवैया।।
जिमि रवि उदय तिमिर को नासै।
तिमि हृद ब्रह्म सुदिष्ट प्रकासे।।
दिन मंह रवि पुनीत अति अहई।
ता दिन ब्रह्म देव जल चढ़ई।।
गंगा जी में करि असनाना।

सुमन नीर लै करहु पयाना।।
गोर वर्ण करि ध्यान चढ़ाओ।
शीश जटा पर ध्यान बढ़ाओ।।
चरण खड़ाऊ पर मन कीजै।
मन के षट विकार तजि दीजै।।
पहिने उर में सुंदर माला।
आसान सुंदर है मृग छाला।।
हाथ कमंडल सोह पुनीता।
अरु त्रिशूल धारे मन चीता।।
तेज पुंज अरु नयन विशाला।
सोह त्रिपुण्ड उच्च्व अति भाला।।
मनवांछित फल अवशिसौ पावै।
ब्रह्म सुदिष्टहिं ध्यान जो लावै।।
पुत्र कामना करि जो ध्यावै।
पाय पुत्र उर मोद बढ़ावै।।
बढ़ै कीर्ति अपकीर्ति नभाई।
महिमा अमित विश्व महँ छाई।।
नाम लेत तन मिटत कलेशा।
चिंता शोक न रह लव लेशा।।
ध्यान भरे बुधि अमित अपारा।
विनवत ज्ञान चक्षु खुलि द्वारा।।
सेवा करत अहर्निशि जोई।
सकल कामना पुरवत सोई।।
रोगी रोग मुक्त हवै जाई।
श्री सुदिष्ट पर ध्यान लगाई।।
जो चहुं ओर शत्रु घिरि जावैं।

श्री सुदिष्ट को विनय सुनावैं।।
लाय दया उर शत्रु बिड़ारै।
निश्चय जानहु रिपु सब हारै।।
न्यायालय मह सुमिरि मनाई।
श्री सुदिष्ट को ही गुण गाई।।
खड़ा होय हाकिम के आगे।
पावत विजय अवशि ये मांगे।।
सभा मध्य जो जावै प्रानी।
जपि श्री ब्रह्म सुदिष्ट भवानी।।
सो बढ़ाय निज नाम प्रतापा।
आकर्षित करि कार्य कलापा।।
जपि भिक्षुक जो भिक्षा मांगत।
सो तुम सूमहुं से भिक्षा पावत।।
व्यापारी व्यापार बढ़ावै।
शुद्ध हृदय जो ब्रह्म मनावै।।
खिचड़ी और जनेऊ चढ़ाई।
बालक है जो करत पढ़ाई।।
करत प्राप्त अति उत्तम शिक्षा।
अवशि होत है पास परीक्षा।।
जो ऋणिया ऋण होय अपारा।
जपि श्री ब्रह्म मुक्त हो पारा।।
जो विदेश परदेशहिं जाई।
जपि महान बनि करत कमाई।।
जपि श्री ब्रह्म सुदिष्ट नारायण।
सकल वस्तु में होत परायण।।
आठौ सिद्धि नवो निधि दाता।

होत विश्व में जपि विख्याता।।

इनका तेज प्रताप अपारा।

जानत हैं सब जाननि हारा।।

रोट चढ़ावत सकल कामना।

सिद्धि होत प्रत्यक्ष भावना।।

द्विज प्रतापधारी सुनहूँ, ब्रह्म सुदिष्ट समान।

कतहुं न दीखत है जगत, साक्षात् भगवान।।

(जय बाबा महाराज की)

8.

बाहरी व्यक्ति जिसकी बीमारी बाबा महाराज के कृपा से हुई ठीक

लगभग तीन दशक पहले एक बाहरी व्यक्ति जो पेट की लंबी बीमारी से परेशान था। उसके पेट में पानी भर गया था जिसके कारण उसके पेट में काफी सूजन आ गयी थी एवं असहनी पीड़ा हो रही थी। डॉक्टरी भाषा में इस बीमारी को लिवर सिरोसिस कहते हैं जो लीवर की बेहद खतरनाक बीमारी मानी जाती है आज तो इसकी दवाई उपलब्ध है डॉक्टरों द्वारा इसका इलाज किया जाता है लेकिन यह घटना जिस समय की है उन दिनों इस बीमारी की दवा सभी जगह नहीं हुआ करती थी केवल कुछ महानगरों में ही इसकी दवाई होती थी वो भी बेहद महंगी बावजूद इसके पीड़ित व्यक्ति कई डॉक्टरों व वैद्यों को दिखा चुका था परंतु उसे कोई राहत नहीं मिली थी। पीड़ित की बढ़ती तकलीफ को देखते हुए किसी ने उसे श्री सुदिष्ट ब्रह्म देव के शरण में पहुँच कर ठीक होने का गुहार लगाने को कहा जिसके उपरांत पीड़ित पैदल यात्रा करता हुआ कई दिनों के लंबे कष्ट सहता हुआ बाबा के मुख्य समाधि स्थल बिसेनपुर पहुंचा जहां उसकी मुलाकात बाबा के मंदिर पर रहकर जीविकोपार्जन करने वाले एक पंडित जी से हुई। पंडित जी ने पीड़ित से सूजे हुए पेट का कारण पूछा जिसके उपरांत पीड़ित ने सारी कहानी सुनाई की कैसे वो सभी जगह से हार कर बाबा महाराज के शरण में आया है। उसकी बातों को सुनने के पश्चात पंडित जी बोले आप बाबा के मंदिर की इक्यावन परिक्रमा करो और "श्री सुदिष्ट ब्रह्म देवाय नमः" मंत्र का जाप करो अगर बाबा की कृपा हुई तो आप ठीक हो जाओगे पंडित जी की सकारात्मक बातों को सुनने के पश्चात पीड़ित की आंखों में चमक आ गई और वो श्री सुदिष्ट ब्रह्म देवाय नमः मंत्र का जाप करते हुए मंदिर की परिक्रमा करने लगा यद्यपि उसे परिक्रमा पूरी

करने में बहुत तकलीफ हो रही थी लेकिन पूर्ण ठीक होने की लालसा में वह परिक्रमा करता जा रहा था दूसरी ओर बाबा के भक्त पंडित जी अंदर ही अंदर बाबा का ध्यान कर रहे थे क्योंकि उनके मन में एक ही बात चल रही थी कि मैंने बोल तो दिया है कि इक्यावन परिक्रमा पूर्ण करते ही बाबा की मर्जी हुई तो पीड़ित ठीक हो जाएगा लेकिन अगर ऐसा नहीं हुआ तो मेरे नाथ बाबा महाराज के चमत्कारों पर उंगली उठेगी साथ ही साथ मेरे शब्द निरर्थक रह जाएंगे यही सोचते-सोचते उनकी आंखें अश्रु से भर गई थी। इसी बीच देखते-देखते पीड़ित की इक्यावनवीं परिक्रमा शुरू हुई एक तरफ पीड़ित के चेहरे पर ठीक होने का कौतूहल था तो दूसरी तरफ पंडित जी असमंजस में थे परंतु इक्यावनवीं परिक्रमा पूर्ण होने के पहले ही पीड़ित को मानो किसी ने धक्का दे दिया हो और वो भूमि पर पेट के बल गिर गया, इसके बाद की पंक्ति को मैं बेहद आश्चर्य के साथ लिख रहा हूं क्योंकि ऐसा चमत्कार से ही हो सकता है गिरने की वजह से पीड़ित व्यक्ति के पेट में छिद्र हो गया जिससे उसके पेट में भरा पानी बाहर निकल गया। व्यक्ति बेहोश था वहां उपस्थि लोग उसे उठाकर मंदिर के अंदर ले गए जहां पंडित जी ने उसके पेट को बगैर पानी के भरा हुआ ठीक देखकर रोने लगे और बोले मेरे प्रभु ने मेरी लाज रख ली उन्होंने मेरे शब्दों को निरर्थक नहीं होने दिया। इसके उपरांत पीड़ित व्यक्ति के ऊपर गंगा का जल छिड़का जिससे उसे होश आ गया फिर पंडित जी ने बाबा महाराज के पूजा में हुए हवन से प्राप्त राख को पीड़ित के पेट में औषधि की भाँति लगाकर कपड़े से बांधते हुए बोले आप बिल्कुल ठीक हो जाओगे तनिक भर चिंता मत करना अब बाबा महाराज ने आप पर कृपा कर दी है साथ ही साथ पीड़ित को हवन की राख व बाबा के पिंडी की मिट्टी देते हुए बोले जरुरत पड़ने पर इसे घाव व पेट पर लगा लेना।

वर्षों बाद अपने जीवन के अंतिम दिनों तक पीड़ित व्यक्ति जो बाबा की कृपा से पूर्ण स्वस्थ हो गया था। बाबा महाराज के दरबार में प्रत्येक रविवार आता और विधिवत पूजा-अर्चना करता साथ-साथ अपने साथ हुए चमत्कार को लोगों से बताता एवं पंडित जी भी अपने जीवन के अंतिम दिनों तक लोगों को इस अलौकिक कहानी को सुनाते रहे।

"श्री सुदिष्ट ब्रह्म 'बाबा महाराज' की कृपा हो तो कुछ भी संभव है।"

9.

किसान को दुस्साहस के लिए मिला दंड

लगभग दो-तीन दशक पहले की ऐसी घटना जिसको कई ग्रामीणों ने स्वयं घटते देखा वो सभी ग्रामीण एक स्वर में एक ही बात कहते हैं, हमने जो देखा वो चमत्कार था यद्यपि हमारी आंखों ने बाबा महाराज को साक्षात् नहीं देखा किंतु वो दंड देने स्वयं आए थे ऐसा हमारी आत्मा हर पल हमसे कहती है।

आइए जानते हैं उस घटना को-

एक बत्तीस वर्षीय किसान परानीपुर के सबसे उत्तरी बाबा महाराज के परेठ जिसको परानीपुर प्रथम परेठ कहते हैं। उसी परेठ के पूर्वी भाग से लगा हुआ किसान का एक भूमि का टुकड़ा था जो खेती के लिए उपयोग में लाया जाता था। किसान उसी भूमि पर हल से जुताई कर रहा था जुताई करते-करते वह अपने खेत से सटे बाबा के परेठ के किनारे-किनारे बंधे मेड की जुताई करने लगा इस घटना को गंगा स्नान करके अपने हाथों में जल का कलश लिए लौट रहे पचपन वर्षीय शुक्ला जी ने देखा तो वो सहज भाव से बोल पड़े बेटा तुम देख नहीं रहे हो जहां तुम जुताई कर रहे हो वो बाबा महाराज की संपत्ति है तुम बाबा के जमीन में बढ़कर जुताई कर रहे हो कहते हुए शुक्ला जी उसी परेठ में स्थित बाबा महाराज के मंदिर की ओर पूजा करने के उद्देश्य से चल पड़े उनके कुछ दूर चलते ही किसान शुक्ला जी और परम पूज्य बाबा महाराज को न जाने क्या-क्या बड़बड़ाने लगा। शुक्ला जी बिना उसके बातों पर ध्यान दिए मंदिर की ओर बढ़ते चले गए लेकिन जब तक शुक्ला जी मंदिर पहुंचकर बाबा महाराज के पिंडी पर गंगा जी के जल से जलाभिषेक करते पूजा प्रारंभ करते उससे पहले ही बाबा के महिमा के कारण किसान खेत में गिर पड़ा उसके पेट में असहनीय पीड़ा होने लगी वो दर्द से कराहने लगा जब तक लोग समझ पाते उसे क्या हुआ है तब तक

उसके मुंह से खून की उल्टियां प्रारंभ हो गई और एक घड़ी के भीतर तड़प-तड़प कर उसकी मृत्यु हो गई। इसके उपरांत जब शुक्ला जी बाबा महाराज की पूजा समाप्त कर घर की ओर लौटने लगे तो उन्होंने किसान को खेत में मृत पाया जिसे चारों तरफ़ से लोगों ने घेर रखा था लेकिन कोई भी अब तक उसके मृत्यु का कारण नहीं जान सका था। इतने में शुक्ला जी के मुख से निकल पड़ा इसे इसके कर्मों का दंड मिला है। शुक्ला जी के इन शब्दों को सुनने के बाद लोगों ने उनसे पूछना प्रारंभ किया कि आपने ऐसा क्यों बोला इस पर उन्होंने सारा वृत्तांत सुनाया। जिसे सुनने के पश्चात वहां खड़े सभी लोग यह समझ चुके थे कि किसान को बाबा महाराज ने उसके कर्मों का दंड दिया है। इस घटना से लोग इतने प्रभावित हुए कि आज भी बाबा महाराज के जहां-जहां पर परेठ हैं उसके अगल-बगल स्थित जमीनों के मालिक बाबा की जमीन तो दूर छोड़ो यद्यपि अपनी जमीन को भी बाबा महाराज के परेठ के उपरांत हाथ, दो हाथ छोड़कर खेती करते हैं।

10.

बाबा महाराज के मंदिर व परेठ के आस-पास गंदगी करने वाले को मिलता है दंड

इस अध्याय में जिन घटनाओं का जिक्र है वो किसी एक निश्चित समय में नहीं घटी यद्यपि समय-समय पर आज भी घटती रहती हैं। जब कभी कोई बाबा महाराज के निजी संपत्ति अर्थात् उनके परेठ,मंदिर या मुख्य समाधि स्थल के आस-पास नित्य क्रिया, शौंच या गंदगी करता है तो बाबा महाराज द्वारा उसे दंडित अवश्य किया जाता है। कहते हैं, ऐसा व्यक्ति पागलपन का शिकार हो जाता है और अगर किसी ने जानबूझ कर किया है तो वो मृत्यु का शिकार हो जाता है अर्थात् ऐसी कोई अप्रिय घटना घट जाती है जो हैरतंगेज कर देने वाली होती है।

आइए उनमें से कुछ घटनाओं के बारे में जानते है जो इस प्रकार हैं-

पहली घटना- कुछ वर्षों पहले एक गरीब दम्पती कहीं जा रहे थे तभी महिला कुछ भूली हुयी वस्तु लेने पुनः अपने घर चली गई उसी दौरान उसके पति ने बाबा महाराज के उत्तरी परेठ में पेशाब कर दिया जिसके कारण उसकी मानसिक हालत तत्काल बिगड़ गयी एवं वो उसी जगह जहां पेशाब किया था किसी असहाय जानवर की तरह गिर गया। कुछ समय पश्चात जब उसकी पत्नी सामान लेकर वापस आई तो अपने पति की दयनीय हालत देख स्तब्ध होकर रुदन करने लगी, उसे समझ में नहीं आ रहा था कि पंद्रह मिनट में ऐसा क्या हुआ कि उसके पति की इतनी दयनीय दशा हो गयी। देखते ही देखते लोगों की भीड़ इकट्ठा हो गई किसी को कुछ समझ में नहीं आ रहा था इतने में एक चरवाहे ने बताया कि इसने पूज्य बाबा महाराज के जमीन में पेशाब किया है इसको उसका दंड मिला है, ये जहां पड़ा है उसके नीचे ही इसने गंदगी

की है। चरवाहे की बात सुनते ही सभी लोगों ने महिला को बाबा महाराज के शरण में जाने व उनसे माफी मांगने को कहा साथ ही साथ जिस जगह उसके पति ने पेशाब की थी उस जगह को साफ कर देसी गाय के गोबर से लिपाई करने का सुझाव दिया। इसके उपरांत महिला ने बाबा महाराज से माफी मांगी एवं गंदगी को साफ कर गोबर से लिपाई की जिसके बाद उसका पति ठीक हो गया। इस घटना के पश्चात वो दम्पती बाबा महाराज के परम भक्त बन गए।

दूसरी घटना- लगभग छः-सात वर्षों पहले एक बाहरी ठेकेदार अपने कुछ मद्रासी मजदूरों के साथ उत्तरी परेठ के आस-पास बिजली का काम करने आया था। एक मद्रासी मजदूर बाबा के परेठ में स्थित खंभे पर तार बदलने के लिए चढ़ रहा था उसी दौरान वो अचानक नीचे गिरकर बेहोश हो गया। उसके सहकर्मी दौड़-दौड़ कर उसके नजदीक पहुंचे एवं उसे उठाने की कोशिश करने लगे पानी का छीटा भी डालने लगे लेकिन उसके ऊपर किसी चीज का कोई फर्क नहीं पड़ा दूसरी ओर ठेकेदार परेशान था क्योंकि संपूर्ण काम और मजदूरों की जवाब देही उसी पर निर्भर थी बहुत समय तक सभी परेशान रहे किसी को कुछ समझ में नहीं आ रहा था। ये घटना किसी आश्चर्य से कम नहीं थी कि एक स्वस्थ व्यक्ति जो चार खंभों का कार्य सकुशल संपन्न किया वो खंभे पर से अचानक गिरा कैसे? इस घटना की खबर पाकर ग्रामीण इकट्ठा हो गए। जिसके उपरांत सारी बातें जानने के पश्चात ग्रामीण लोग मजदूरों से पूछने लगे इसने परेठ में किसी प्रकार की गंदगी की है क्या? पहले तो किसी ने कुछ नहीं बताया परंतु जब ठेकेदार ने भी जोर दिया तो एक मजदूर ने बताया कि खंभे पर चढ़ने से पहले इसने खंभे के बगल में पेशाब किया था इतना सुनते ही ग्रामीण समझ गए कि इसको बाबा महाराज ने दंड दिया है। इसके उपरांत कुछ बुजुर्ग ग्रामीणों ने ठेकेदार को बाबा महाराज से माफी मांगने को कहा एवं जहां पेशाब किया गया था उसे गंगाजल से धोने की सलाह दी। ठेकेदार ने ग्रामीणों के कहने पर बाबा महाराज से माफी मांगी एवं गंगा जी के जल से गंदगी को धूलवाया साथ ही साथ पच्चीस मन आटे का रोट व हलवा चढ़ाने का संकल्प लिया तो उनका मजदूर पुनः ठीक हो गया।

तीसरी घटना- बहुत समय पहले की बात है एक सज्जन जो सरकारी सेवा में कार्यरत थे वो उरनाह परेठ के बगल से गुजर रहे थे उनके साथ दो लोग भी थे जो बाबा महाराज के परेठ को देखने पर नतमस्तक हुए और वहां उपस्थित मंदिर में जाकर पूजा किए। वापस लौटने पर सरकारी कर्मचारी ने अपने साथ के दोनों सज्जनों से पूछा तुम लोग वहां किसकी पूजा करने गए थे और खाली पड़ी इस वीरान जमीन की पूजा

क्यों कर रहे हो पागल तो नहीं हो गए। सरकारी कर्मचारी की ऐसी बातें सुनने पर साथ के दोनों सज्जन डांटते हुए बोले तुम्हें नहीं पता ये परम पूज्य बाबा महाराज का परेठ है एवं उन्हीं का मंदिर है। जिसे तुम खाली पड़ी वीरान जमीन कह रहे हो वो अनोखी महिमा से परिपूर्ण है इस पर शीश झुकाने पर बाबा की कृपा प्राप्त होती है और इसके बारे में अपशब्द बोलने व किसी प्रकार की गंदगी करने पर बाबा महाराज दंडित करते हैं। इसके उपरांत दोनों साथियों ने सरकारी कर्मचारी से क्षमा मांगने को कहा परंतु अपने किताबी ज्ञान के घमंड में वो अपने साथियों के बात की सच्चाई को जानने के लिए अपने पायजामे के नाड़े को ढीला करते हुए बोला मुझे पेशाब बहुत तेज लगी है। उसके इतना कहते ही दोनों सज्जन मौन होकर उसे देखने लगे दूसरी तरफ सरकारी कर्मचारी बाबा के परेठ के बीचों-बीच खड़ा पायजामे के नाड़े को जब तक खोलकर पेशाब करता उससे पहले ही एकाएक उसकी हृदय गति रुक गयी और वो वहीं जमीन पर गिर गया उसके साथ के दोनों सज्जन उसके निकट गए तो उन्हें पता चला कि उसकी मृत्यु हो चुकी है। दोनों ने उसके पायजामे के नाड़े को बांधा और उसे परेठ के बाहर ले आए। इसके उपरांत वो दोनों सज्जन वहां पहुंच रहे लोगों को बाबा महाराज के महिमा की संपूर्ण कहानी सुनाते जिसे सुनने के पश्चात लोग यह समझ चुके थे कि नित्य क्रिया, शौच या गंदगी करना तो दूर छोड़ो करने के बारे में सोचने पर भी बाबा महाराज बेहद कड़े दंड से दंडित करेंगे। इसी कारण आज भी लोग जानबूझकर तो दूर छोड़ो गलती से भी बाबा महाराज की संपत्ति के किसी भाग को गंदा या दुषित नहीं करते एवं लोग पूर्ण कोशिश करते हैं कि बाबा महाराज के मंदिर व परेठ संपूर्णतया साफ रहे। मैं दावे के साथ कह सकता हूं बाबा महाराज के किसी परेठ व मंदिर में आप जाएंगे तो वहां एक अलौकिक दिव्यता का भान करेंगे मानो प्रकृति उनकी सुंदरता पर अपना हस्ताक्षर कर रही हो।

11.

दूषित भावना से बाबा महाराज के संपत्ति पर कब्जा की इच्छा रखने वाले को मिलता है दंड

दशकों पहले की ये कहानी है, जिसमें बाबा महाराज के जमीन पर अवैध कब्जा व अधिकार करने की कोशिश करने वाले एक सज्जन को मिला दंड, घटना के साक्षी रहे लोग आज भी उस घटना से प्रभावित हैं क्योंकि वो घटना आश्चर्य से युक्त है।

ग्रामीण बताते हैं गांव के मानिंद सज्जन जो नेक नियत रखते हुए बाबा के चौरा पर आग्रह करने के पश्चात बाबा के एक परेठ में ग्रामीणों और आने-जाने वाले राहगीरों के लिए कुआं खुदवाए जिससे लोगों को पानी की समस्या से निजात मिल सके क्योंकि उन दिनों पूरे क्षेत्र में पानी की समस्या थी। उनके द्वारा किया गया कार्य बेहद नेक था परंतु कुछ किसानों के आग्रह करने पर उन सज्जन ने कुएं में पम्पिंग सेट लगाने का विचार किया जिससे क्षेत्र के ग्रामीण सिंचाई कर सकें साथ ही साथ कमाई का एक साधन भी तैयार हो जाए। इसी नियत से उन सज्जन ने बिना बाबा महाराज के दरबार में हाजिरी लगाए अर्थात् उनसे आज्ञा लिए बगैर परेठ में स्थित कुएं में पम्पिंग सेट लगवा दिए। इसके पश्चात जब उसे चालू करने का समय आया तो हजारों कोशिशों के बाद भी वो नहीं चला। जिससे वो सज्जन बहुत परेशान हो गए तदुपरांत इंजन व पम्पिंग सेट बनाने वाली कंपनी के बड़े-बड़े इंजीनियर मशीन को देखने आए जब उन्होंने कुएं में पर्याप्त पानी देखा तो आश्चर्य में सोचने लगे कि पानी ऊपर क्यों नहीं आ रहा। एक के बाद एक दो-तीन पम्पिंग सेट इंजीनियरों द्वारा बदले गए लेकिन पानी की एक बूंद भी कुएं से बाहर ना निकली वहीं दूसरे कुएं में जांच करने पर वही पम्पिंग सेट जोरदार पानी देते। इन सभी घटनाओं से वो सज्जन और सभी इंजीनियर हैरतंगेज में पड़ गए

थे उन्हें कुछ समझ में नहीं आ रहा था। इस समस्या का समाधान करने के लिए अगले दिन शहर के सबसे बड़े इंजीनियर को बुलाकर पम्पिंग सेट को चालू करवाने का विचार करते हुए सब अपने घर लौट गए परंतु उस रात्रि एक अचंभित करने वाली घटना घटी कुछ ग्रामीण कहते हैं बाबा महाराज स्वयं कुएं के पास गए थे और पम्पिंग सेट को चलाकर आवश्यकता अनुसार पानी बिखरने के पश्चात पम्पिंग सेट को बंद करके वापस लौट गए। अगले सुबह जब परेठ में स्थित कुएं पर पम्पिंग सेट चालू करने वो सज्जन शहर के सबसे बड़े इंजीनियर के साथ पहुंचे तो वहां का नजारा देखकर उनके पैरों तले जमीन खिसक गई क्योंकि खराब पड़े पम्पिंग सेट को बिना चलाए इतना पानी फैलना किसी आश्चर्य से कम नहीं था साथ ही साथ जब वो सज्जन व इंजीनियर कुएं के नजदीक जाकर देखे तो पम्पिंग सेट आधे कुएं में लटक रहा था और पानी काफी नीचे था जिसे देखते ही इंजीनियर वहां से डर वश भाग खड़ा हुआ दूसरी तरफ पम्पिंग सेट लगवाने वाले सज्जन आहे भरते हुए अपने घर चले गए। इसके उपरांत प्रत्येक रात्रि बाबा महाराज पम्पिंग सेट चलाते और आवश्यकता अनुसार पानी बिखेरने के पश्चात उसे बंद कर देते। इस घटना से गांव के लोग ही नहीं यद्यपि पूरे क्षेत्र के लोग बहुत प्रभावित थे क्योंकि सभी असंभव को संभव होता देख रहे थे परंतु सभी का मन यह जानता था कि घटना के पीछे बाबा महाराज का चमत्कार है। कुछ समय बीतने के उपरांत पम्पिंग सेट लगाने वाले सज्जन के परिवार में अप्रिय घटनाएं घटने लगी जिससे प्रभावित होकर लोगों की सलाह पर उन्होंने बाबा महाराज के परेठ में स्थित कुएं से पम्पिंग सेट निकाल कर अपने घर ले गए परंतु बाबा महाराज का क्रोध उन पर समाप्त नहीं हुआ जिसके कारण नाना प्रकार के दंडों के लिए वो भागी हुए। जो इस प्रकार हैं- धन की हानि, परिवार के लोग बीमार होने लगे एवं जीवन के अंतिम दिनों तक उन सज्जन ने अप्रिय घटनाओं को देखा और बेहद कष्ट के साथ जीवन से विदा मिला।

इस घटना से यह सीख मिलती है यद्यपि आपकी शुरुआती मंशा अच्छी हो लेकिन यदि आप बीच रास्ते में अपने विचारों का परिवर्तन कर कुमार्ग पर चलते हैं तो आपके सारे अच्छे कर्म नष्ट हो जाएंगे एवं आप दंड के भागी बनेंगे अर्थात् यात्रा के आरंभ से अंत तक आपकी सोच और मंशा स्वच्छ होनी चाहिए।

12.

बाबा महाराज के जमीन पर अधिकार करने आए अंग्रेज अधिकारी को मिला दंड

उन्नीसवीं शताब्दी के प्रारंभ में जब संपूर्ण भारत ब्रिटिश हुकूमत के अधीन था। उस समय एक ब्रिटिश अधिकारी जिसने पूज्य बाबा महाराज के परेठों को खाली जमीन समझ कर उसे अंग्रेजी सरकार के अधीन करने का आदेश देते हुए अपने कुछ कर्मचारियों को भेजा। जिसके उपरांत कुछ अंग्रेज दल-बल के साथ बाबा महाराज के परठों को नापकर अंग्रेजी सरकार के अधीन करने पहुंचे। अंग्रेज जमीन को नापने के लिए लोहे से बनी जंजीर ले आए थे वो जैसे ही नापने के लिए जंजीर को जमीन पर गिराते वो सूत के धागों की भाँति टूट जाती एक के बाद एक जंजीरें टूटती रही जिसे देखकर सभी अंग्रेज परेशान थे कि लोहे की इतनी मजबूत जंजीर कैसे टूट सकती हैं। उन्हें कुछ समझ नहीं आ रहा था अंततः उन्होंने जमीन की नपाई करने के विचार को समाप्त कर दिया एवं खंभे गाड़कर जमीन को घेरने के बारे में सोचा जिससे जमीन को बिना नापे ही कार्य उनके अनुकूल हो जाता। तदोपरांत अंग्रेजों ने बाबा महाराज के जमीन पर जैसे ही खंभे गाड़ने के लिए खुदाई प्रारंभ की वैसे ही जमीन से अनेक सांप, बिच्छू एवं जहरीले जंतु निकलने लगे जिन्हें देखने मात्र से हृदय शिथिल पड़ जाए। इस स्थिति में अंग्रेज भयभीत हो गए एवं खुदाई का कार्य बंद कर दिए परंतु अंग्रेजों ने अब भी हार नहीं मानी और बाबा महाराज के परेठ पर अधिकार पाने के बारे में सोचते रहे इसी बीच एक अंग्रेज अधिकारी गजनी के मन में विचार आया अगर हम परेठ में बने बाबा महाराज के चौरा जो उस समय खुले में मिट्टी के पिंडी के रूप में स्थित था उसे हटा दें तो सारी समस्या हल हो जाएगी एवं संपूर्ण परेठ पर आसानी से कब्जा मिल

जाएगा। इसके उपरांत गजनी अंग्रेज ने अपने विचार के अनुसार कार्य करने के लिए कर्मचारियों को आदेशित किया ।

अंग्रेजी सैनिक आदेश का पालन करने के लिए जैसे ही बाबा के चौरा के नजदीक उनकी पिंडी को हटाने के लिए बढे वैसे ही उनके साथ के सभी घोड़े खून का पेशाब करने लगे एवं जिस गजनी अंग्रेज के मन में बाबा का चौरा हटाने का विचार आया था उसके ऊपर आकाशीय बिजली गिर पड़ी जिससे वो जलकर राख हो गया। सबसे बड़े आश्चर्य की बात ये थी कि जिस वक्त उसके ऊपर आकाशीय बिजली गिरी उस समय आकाश में सूर्य अपनी किरणें बिखरे हुए था एवं वर्षा का दूर-दूर तक कोई नामों निशान नहीं था। बाकी बचे अधिकारियों व सैनिकों को भी ख़म्याज़ा उठाना पड़ा सभी पागलपन के शिकार हो गए एवं जिन अधिकारियों व सैनिकों की पत्नियां गर्भ से थी उनके गर्भ गिर गए। इस संपूर्ण घटना को देखने व सुनने के पश्चात अंग्रेजी हुकूमत ने अपने पूरे शासन काल के दौरान पुनः बाबा महाराज के परेठ पर अधिकार करने की तो दूर छोड़ो यद्यपि उनके किसी परेठ की तरफ आंख उठाकर नहीं देखा एवं सरकारी कागजों पर सभी परठों को परती "श्री सुदिष्ट बाबा महाराज" के नाम से अंकित कर दिया।

13.

बाबा महाराज के परेठ से मनमाने ढंग से जंगली लकड़ी लेने वाले को मिला दंड

परम पूज्य बाबा महाराज के मुख्य समाधि स्थल विकास समिति के पदाधिकारियों ने वार्ता के दौरान बताया कि आठ-दस वर्ष पूर्व मंदिर विकास का कार्य चल रहा था एवं मंदिर में आगे का कार्य करने के लिए पैसे की कमी हो गई। जिसके कारण समिति ने बाबा महाराज के बारा परेठ में लगे हुए दो विशालकाय जंगली लकड़ी के पेड़ों की नीलामी कर प्राप्त पैसों को मंदिर के विकास में लगाने के बारे में विचार किया। लकड़ी की नीलामी की खबर सुनकर गांव के एक सज्जन समिति के पास आग्रह लेकर पहुंचे कि जंगली लकड़ी का पेड़ उन्हें बेच दिया जाए। नीलामी में भी तो पेड़ बेचा ही जाएगा साथ-साथ नीलामी की सभा आयोजित करने में भी खर्च आएगा। समिति के सदस्य सज्जन के लुभावने बातों में आ गए और दोनों जंगली लकड़ी के पेड़ों को उन्हीं सज्जन को बेच दिए चूंकि वो गाव के ही नागरिक थे इसी कारण समित ने पेड़ों को बेचने के उपरांत सज्जन को पैसे अदा करने की सहूलियत दी। इसके उपरांत पेड़ों को खरीदने वाले सज्जन बारा परेठ में स्थित दोनों जंगली पेड़ों की कटाई शुरु करा दिए। जिस वक्त पेड़ों की कटाई चल रही थी उसी वक्त उन सज्जन का विचार परिवर्तित हो गया एवं उनके मन में कुछ इस प्रकार का दुर्भाव आया कि मेरे द्वारा काटे जाने वाली लकड़ी तो बाबा महाराज की है इस पर तो केवल उनका अधिकार है। समिति को इसे बेचने या पैसा लेने का कोई अधिकार नहीं है अगर मैं पेड़ों की कटाई के उपरांत पैसे कमा लेता हूं तो किसी का क्या बिगड़ जाएगा। इसके अलावा उनके मन में ये भी विचार आया कि मैं समिति को पेड़ों के पैसे

नहीं दूंगा तो समिति मेरा क्या कर लेगी, मैंने समिति की कोई निजी संपत्ति तो लिया नहीं है मैंने बाबा महाराज की संपत्ति ली है देखता हूं, मेरा कौन क्या करेगा? इसके पश्चात वो सज्जन खुशी के साथ चहकते हुए इधर-उधर घूमने लगे इसी बीच समिति के दो सदस्य परेठ पर जंगली लकड़ी के कटाई का कार्य देखने पहुंचे एवं उन्होंने पेड़ों की कटाई का कार्य समाप्त पाया तो पेड़ों के खरीददार सज्जन से पैसे की चर्चा की। पैसों का नाम सुनते ही पेड़ों के खरीददार गर्म दूध की भांति उबल पड़े और बोले कैसे पैसे, मैं क्यों देने लगा तुम लोगों को पैसे जिसे सुनने के बाद समिति के सदस्यों ने उसे समझाते हुए कहा हम इस जंगली लकड़ी की बात कर रहे हैं जो तुमने अभी काट कर बेची है और बाबा महाराज के मंदिर विकास समिति ने तुम्हें बेची है। तुम पैसे दोगे तो हम उस पैसे से मंदिर के रुके कार्य को पूरा कराएंगे, इस पर लकड़ी का खरीददार बोला मैंने जिस जंगली लकड़ी की कटाई करायी है वो बाबा महाराज के परेठ की है अतः लकड़ी बाबा महाराज की है। तुम्हारा या समिति का इस लकड़ी पर कोई अधिकार नहीं है इसलिए मैं तुम्हें या समिति को कोई पैसे नहीं दूंगा, आगे हंसते हुए बोला अगर बाबा महाराज अपने लकड़ी का पैसा लेने स्वयं आएंगे तो सोचूंगा। इसके उपरांत वो हुआ जिसकी कल्पना करने मात्र से वहां उपस्थित लोगों के आज भी रोंगटे खड़े हो जाते हैं, लकड़ी खरीदने वाले सज्जन की हंसी विलाप में बदल गयी मानो उनके मस्तिष्क को गहरा आघात पहुंचा हो जिससे वो स्वयं की जीवन लीला समाप्त करना चाहते थे। परेठ में स्थित अन्य पेड़ों के पास दौड़ने लगे एवं एक पेड़ पर अपने ही गमछे से फांसी का फंदा बनाकर अपने सिर का नाप लेने लगे। इस संपूर्ण घटना से वहां उपस्थित लोग एवं समिति के दोनों सदस्य आश्चर्य में पड़ गए कि कुछ ही मिनटों में ऐसा क्या हुआ जो मौके पर उपस्थित होते हुए भी उन्होंने नहीं देखा। इसी बीच उपस्थित लोगों में से किसी ने आत्महत्या की कोशिश कर रहे लकड़ी के खरीददार के परिजनों को बुलाकर ले आया। परिजनों ने घर से स्वस्थ निकले व्यक्ति को फांसी का फंदा बनाकर उसमें सिर डाले हुए देखा तो उनके नैनों से अश्रु गिरने लगे। परिजन दौड़कर नजदीक में रहने वाले एक प्रसिद्ध पंडित जी (जो देवताओं को पूजते थे) उनके पास पहुंचे और संपूर्ण कहानी बतायी तो पंडित जी ने थोड़ी देर पूजा करने के बाद बताया कि फांसी का फंदा तो उसने स्वयं चुना है। परम पूज्य बाबा महाराज के परेठ से जंगली लकड़ी के दो पेड़ खरीदते समय माने गए मूल्य को ना देने की गलती के साथ-साथ स्वयं को ताकतवर समझकर बाबा महाराज जी को ललकारने का महा पाप किया है। उसने कहा था बाबा आएंगे तो मूल्य अदा करने का विचार करेगा इसी

कारण बाबा महाराज स्वयं मूल्य लेने आए है। अब अगर उसकी सलामती चाहते हो तो जाओ बाबा महाराज से माफी मांगो और जो मूल्य लकड़ी का अदा करने का संकल्प आपके नासमझ परिजन द्वारा करने का किया गया था उसे जल्द से जल्द अदा करो। उसके उपरांत पेड़ों के खरीददार के परिजन बाबा महाराज के मंदिर की ओर भागे और मंदिर पहुंचकर सबसे पहले जंगली पेड़ों के पैसे समिति को दिए एवं बाबा महाराज से माफी मांगी। घंटो की पूजा के बाद लकड़ी खरीदने वाले सज्जन फांसी के फंदे से सिर निकालकर जमीन पर बेहोश होकर गिर गए। कुछ देर बाद जब उसे होश आया तो वो बिल्कुल ठीक था एवं उसकी आंखों में पश्चाताप के आंसू थे और वो केवल बाबा महाराज जी से माफी की गुहार लगा रहा था।

14.

बाबा महाराज के धन की चोरी करने वाले को मिलता है दंड

श्री सुदिष्ट ब्रह्म (बाबा महाराज) के धन को कोई लेता है, चुराता है या उनके नाम से किसी प्रकार की अवैध वसूली करता है तो वो दंड का भागी होता है। इसके कई उदाहरण हैं जिनमें से कुछ व्याख्यायित करता हूं-

पहली कहानी- कुछ समय पहले एक बाहरी व्यक्ति बहरूपिया बनकर बाबा महाराज के उत्तरी परेठ में आया। गांव वालों द्वारा परिचय पूछे जाने पर स्वयं को बाबा महाराज का भक्त बताया एवं सुदूर स्थित किसी स्थान का वर्णन करते हुए बोला मैं वहां से अपने प्रभु के सभी मंदिरों का दर्शन एवं पूजन करने आया हूं। इसके पश्चात रात्रि में उत्तरी परेठ में बने मंदिर में रुकने की इच्छा प्रकट किया एवं अगली सुबह अन्य मंदिरों के दर्शन के पश्चात अपने गांव लौटने का विचार व्यक्त किया। उसके इतने सुंदर विचार को सुनने के पश्चात ग्रामीण तैयार हो गए और बोले जैसा तुम्हें उचित लगे वैसा करो तदुपरांत सभी ग्रामीण अपने घरों की ओर लौट गए। गांव वालों के लौटने के बाद बहरूपिये ने मध्य रात्रि में बाबा महाराज के मंदिर में लगे चार घंटे उतारे एवं सबसे बड़ा अपराध तो उसने तब किया जब पूज्य बाबा महाराज के ऊपर चढ़ी उनकी पहनी हुई धोती परम पवित्र पिंडी से उतार कर उसी में चारों घंटों को लपेटकर भागने लगा। बहरूपिया व्यक्ति मंदिर से गिनती के सौ कदम भी दूर नहीं जा पाया होगा यद्यपि परेठ के अंदर ही उसका मस्तिष्क ऐसा खराब हुआ कि वो सारी रात सिर पर चारों घंटों को धोती में लपेटकर लिए हुए मंदिर की परिक्रमा लगाता रहा उसे समझ में नहीं आ रहा था कि वो भागने की बजाय मंदिर के ही चारों ओर घूम रहा है। बाद में उसने

बातचीत के दौरान बताया कि वो ज्यों-ज्यों मंदिर की परिक्रमा लगाता उसे लगता कि वो मंदिर से उतनी ही दूर जा रहा है और अंततः जब उसे लगा कि वो अपने घर पहुंचने वाला है तभी भोर हो गया और सभी आस-पास के ग्रामीण उसे घेरे खड़े थे। इसके बाद ग्रामीणों ने चारों घंटों को बहरूपिये से लेकर मंदिर में लगाया एवं बाबा महाराज के पिंडी पर गंगा जल से अभिषेक करके नयी धोती पहनाई उसके उपरांत बहरूपिये को पुलिस के हवाले सुपुर्द किया जहां पुलिस के पूछताछ के दौरान उसने बताया कि कैसे उसने चोरी की एवं उसके साथ रात्रि में क्या-क्या घटित हुआ (संपूर्ण वार्ता की व्याख्या ऊपर की पंक्ति में प्रदर्शित है)। बहरूपिये व्यक्ति के स्वतः गुनाह कबूल करने के उपरांत भारतीय दंड संहिता 1860 के अनुसार उसे चोरी के अपराध के लिए दंडित किया गया। अब वर्तमान में बहरूपिया व्यक्ति बाबा महाराज का परम भक्त हो गया है। प्रायः उस घटना को याद करके भावुक हो जाता है एवं स्वयं को बाबा महाराज का गुनेहगार मानता है दूसरी तरफ दयालु भक्त वत्सल बाबा ने उसे अपनी भक्ति का दान दे दिया है।

दूसरी कहानी- चौरासी क्षेत्र के ही एक मानिंद सज्जन दूसरे जिलों व महानगरों में जाकर बाबा महाराज की अद्भुत गाथा सुनाते एवं उनके के धाम में यज्ञ करने के लिए आर्थिक मदद मांगते। यही करते-करते उनके पास अच्छी रकम इकट्ठा हो गई थी परंतु उन सज्जन ने यज्ञ कराने की बजाय उन पैसों का उपभोग करना शुरू कर दिया। लम्बे समय तक वो इसी प्रकार सुखद जीवन बिताते रहे एवं लोगों के बीच उनकी आर्थिक सुदृढ़ता चर्चा का विषय बन गयी थी। अन्य लोग उन सज्जन से प्रेरणा लेकर इस प्रकार का कोई कृत्य करते उससे पहले ही उनका पतन शुरू हो गया। जिसके कारण उनके इकलौते पुत्र का सड़क दुर्घटना में देहांत हो गया तदुपरांत उनका सारा धन धीरे-धीरे नष्ट होने लगा एवं वो स्वयं ही पागलपन के शिकार होकर घूमने लगे। उनके मस्तिष्क पर इस कदर प्रभाव पड़ा था कि वो प्रत्येक क्षण बडबड़ाते हुए एक ही बात बोलते "गलत कर्म का गलत नतीजा" ।

श्री सुदिष्ट ब्रह्म (बाबा महाराज) के नाम पर अवैध वसूली करने वाले को निश्चित दंड मिलता है।

तीसरी कहानी- परम कृपालु बाबा महाराज की कृपा से प्रत्येक बिगड़े कार्य बनते हैं। इसी का फायदा उठाकर मुंबई में रहने वाले एक व्यापारी बाबा के धाम से उनके पिंडी की मिट्टी अपने साथ ले जाकर मुंबई के बड़े उद्योगपतियों के यहां ब्राह्मण बनकर पूजा कराते एवं बाबा महाराज के पिंडी की परम पवित्र मिट्टी देकर

पूजा की विधि बताकर अच्छा पैसा कमा लेते। पूजा पद्धति को अपनाने के कारण उद्योगपतियों के बिगड़े कार्य बाबा महाराज की कृपा से बन जाते क्योंकि वो तो सच्चे मन से पूजा करते थे। लोगों के कार्यों को सिद्धि होता देखकर व्यापारी ने परम पूज्य बाबा महाराज के पिंडी की परम पवित्र मिट्टी को धंधा करने का साधन समझ लिया जिससे वो पैसा कमाता और भोग विलासिता का जीवन बिताता। अंततः उसके कुकर्मों का घड़ा भर गया और बाबा महाराज ने अपने दंड का चाबुक चलाया जिससे उस व्यापारी के घर सरकार ने आय से अधिक मामले की जांच कराई और वो दोषी पाया गया जिसके कारण उसका ब्रेन-हेमरेज हुआ एवं उसकी मृत्यु हो गई। इसके बाद भी बाबा महाराज के दंड का कालचक्र चलता रहा जिससे उस व्यापारी का संपूर्ण परिवार एक-एक रुपए के लिए मोहताज हो गया और धीरे-धीरे भूख से तड़प-तड़प कर परिवार के कई सदस्यों का देहांत हो गया।

इससे एक बात बेहद स्पष्ट हो जाती है जो बाबा महाराज का या उनके नाम का उपयोग करके एक रुपया भी लेता है एवं उन पैसों का सदुपयोग के बजाय दुरुपयोग करता है तो उसे एक रुपए के लिए भी बाबा कठोर दंड से दंडित करते हैं। बाबा महाराज के दरबार में याचक बनकर जाने पर वो संपूर्ण संसार का वैभव आपकी झोली में डाल देंगे परंतु दूषित भावना रखने पर प्राण भी ले लेंगे, इसमें भी कोई दो राय नहीं है। बाबा महाराज की संपत्ति केवल जनकल्याण के उपयोग में लायी जा सकती है किसी विशेष व्यक्ति के नहीं। जिन्हें इस बात का ज्ञान नहीं है वो अपने विनाश को आमंत्रण देते हैं।

आप सभी सुभेच्छुओं से आग्रह करता हूं बाबा महाराज के नाम रूपी अमृत को प्राप्त कीजिए एवं उनकी अभय भक्ति के वरदान से पुष्पित-पल्लवित होइए ना कि उनका या उनके नाम पर धन लेकर जीवन को मरण के मुख में ले जाइए।

15.

भक्तों के हर पल के साथी बाबा महाराज

लगभग दो दशक पहले परानीपुर गांव के एक सज्जन जो बाबा महाराज के अनन्य भक्त थे एवं उनका परिवार भी बाबा महाराज के प्रति सच्ची श्रद्धा रखता था। एक दिन वो सज्जन किसी काम से गंगा पार गए हुए थे, लौटते समय उन्हें देर हो गयी रात्रि के ग्यारह बज चुके थे। जनवरी का महीना था एवं दूर-दूर तक गंगा की किनारे कोई नहीं था। सज्जन व्यक्ति टेला घाट पर बने पीपा पुल से पैदल ही मदरा की ओर बढ़ चले। आप सभी को स्पष्ट बता देना चाहता कि गंगा का तटीय इलाका रात के समय इतना भयावह प्रतीत होता है कि कोई अकेला व्यक्ति विशेष तौर पर ठंडी की रातों में गुजरे तो उसकी अंतरात्मा बैठने लगती है क्योंकि गंगा के किनारे बसे लोगों को बचपन से दादी व नानी के द्वारा रात में गंगा के किनारे प्रेतों के निकलने की कहानी सुनाई गयी होती है। जब गंगा कि लहरों की आवाज कानों में जाती हैं तब ऐसा प्रतीत होता है कि कोई मध्य रात्रि में स्नान कर रहा है और ठंड की इतनी रात में केवल भूत, पिशाच, प्रेत ही स्नान करते हैं ऐसा अंतरात्मा बार-बार कहती है अर्थात् तमाम तरह की डरावनी बातें मन में विचार करने लगती हैं। इन्हीं बातों को सोचकर वो सज्जन डरकर बाबा महाराज को याद करते हुए जोर-जोर से चिल्लाने लगे बाबा आइए मुझे बचाइए। भक्त अपनी वार्ता में बताता है उसकी करुण पुकार सुनकर बाबा महाराज साक्षात् भक्त सज्जन के गंगा पार करने के पहले मदरा घाट पर आ गए एवं आवाज देने लगे डरो मत मैं यहां आ गया हूं, आओ मैं तुम्हें घर छोड़ देता हूं। श्रद्धास्पद बाबा महाराज के मुख से इन शब्दों को सुनने के पश्चात सज्जन भक्त के मन में आत्मबल जागृत हुआ और वो जल्दी-जल्दी पीपा पुल पार कर मदरा घाट पर पहुंचे तो उन्होंने एक सफेद वस्त्र धारी बुजुर्ग जिनका केश भी सफेद था। बुजुर्ग के एक हाथ में सोटा व

दूसरे में कमंडल, पैरों में खड़ाऊ पहने थे एवं चेहरे पर चंद्र का उजाला था। वो बुज़ुर्ग बोले तुम मेरे बच्चे होकर डरते हो। जब तक मैं तुम्हारे साथ हूं तुम्हारा कोई बाल भी बांका नहीं कर सकता। चलो मैं तुम्हें छोड़ने चलता हूं तदुपरांत बुज़ुर्ग डरे हुए सज्जन भक्त से बातें करते हुए बाबा महाराज के उरनाह स्थित परेठ तक आए। उसके बाद उन सज्जन से पूछे अब घर चले जाओगे डरोगे तो नहीं इस पर वो सज्जन बोले नहीं बाबा मैं अब नहीं डरूंगा यद्यपि बेहद आराम से घर चला जाऊंगा लेकिन वो अब तक ये नहीं समझ पा रहे थे कि उनके साथ चल रहे बुज़ुर्ग स्वयं बाबा महाराज हैं। इसके उपरांत भक्त सज्जन बुज़ुर्ग को प्रणाम निवेदित कर घर की ओर चल दिए। आगे कि वार्ता में वो सज्जन बताते हैं जब तक वो घर नहीं पहुंचे तब तक बुज़ुर्ग व्यक्ति के खांसने की आवाज उनके घर तक आती रही ताकि उन्हें डर ना लगे। बेहद आश्चर्य की बात ये थी कि उरनाह परेठ से उन सज्जन का घर लगभग एक किलोमीटर की दूरी पर है । किसी भी व्यक्ति के खांसने की आवाज मुश्किल से सौ मीटर से ज्यादा नहीं जाती लेकिन बुज़ुर्ग के खांसने की आवाज इतनी दूर तक पहुंच रही थी। संपूर्ण घटना को जब वो सज्जन रात्रि में सोने के दौरान चिंतन करने लगे और बुज़ुर्ग के तेज के बारे में सोचने लगे तो उन्हें समझ आ गया था कि बुज़ुर्ग के रूप में बाबा महाराज स्वयं उनकी मदद करने आए थे। उस घटना के लिए उन सज्जन भक्त के मन में आज भी पछतावा है क्योंकि जब साक्षात् श्री सुदिष्ट ब्रह्म (बाबा महाराज) दर्शन दिए तो उन्होंने बाबा को पहचाना नहीं। इसके उपरांत सज्जन प्रतिदिन पूजा के दौरान अपनी भूल के लिए बाबा महाराज से क्षमा मांगते हैं दूसरी तरफ बाबा महाराज सज्जन भक्त व उनके परिवार पर विशेष कृपा बनाए हुए हैं।

16.

सरकारी अधिकारी को बाबा महाराज के भक्ति से मिला पदोन्नति

ये घटना अभी कुछ वर्षों पहले की है मेजा थाना, कमिश्नरेट प्रयागराज (उन दिनों कमिश्नरेट नहीं हुआ करता था जबकि ये घटना है) में एक बेहद सज्जन थानेदार महोदय अपनी सेवा देने आए हुए थे। एक दिन परानीपुर गंगा घाट पर निकल रही बालू का जायजा लेने थानेदार महोदय जा रहे थे, वो दिन रविवार और समय प्रातः सात बजे का था। जब उन्होंने रामनगर-परानीपुर मार्ग पर लोगों की विशेष आवाजाही देखी तो उनसे रहा नहीं गया और उन्होंने अपनी गाड़ी में बैठे एक सिपाही से बिसेनपुर गांव के सामने से गुजरने के दौरान पूछा, "यहां ऐसा क्या है?" जो लोगों की इतनी भीड़ सुबह-सुबह इस ओर जा रही है। इस प्रश्न का उत्तर देते हुए सिपाही ने बताया हुजूर यहां परम पूज्य "श्री सुदिष्ट ब्रह्म देव" (बाबा महाराज) का मंदिर है। ये सभी लोग वहीं दर्शन करने जा रहे हैं। हुजूर रविवार बाबा महाराज का दिन होता है एवं कई हजार श्रद्धालु अपनी मनोकामनाएं लेकर दर्शन करने आते हैं साथ ही साथ प्रत्येक रविवार को मंदिर के निकट एक भव्य मेले का आयोजन होता है। इसके उपरांत थानेदार महोदय के मन में बाबा महाराज के विषय में जानने का कौतूहल बढ़ गया परंतु सिपाही इससे ज्यादा कुछ भी बता पाने में सक्षम नहीं था। अपने मन में उठे सवालों के तूफान को समाप्त करने के लिए थानेदार महोदय ने गंगा के घाट पर पहुंचने के उपरांत बालू निकलने वाले स्थान का जायजा लेने की बजाय एक ग्रामीण को बुलाकर बाबा महाराज के बारे में पूछने लगे। जिस पर ग्रामीण ने बाबा के बारे में जानने लायक सभी पहलू थानेदार महोदय को बताया जिसे सुनने के बाद थानेदार महोदय के मन में ग्रामीण की एक

बात घर कर गई।

जो इस प्रकार है-

" बाबा महाराज जिस मिट्टी पर अपनी दृष्टि डालें वो स्वर्ण हो जाए एवं जिस मनुष्य को अपना आशीष दें वो फकीर से राजा बन जाए।"

थानेदार महोदय के मन में बाबा महाराज के दर्शन की अभिलाषा जागृत हो गई और वो तत्काल बाबा के मुख्य समाधि स्थल की ओर दर्शन करने चल पड़े। थानेदार महोदय ने जैसे ही मंदिर के बाहर से ही बाबा महाराज के अलौकिक दीप्तिमान पिंडी को देखा तो मंत्रमुग्ध हो गए। दर्शन के दौरान उनकी नजरें एकटक बाबा महाराज के पिंडी की ओर टिकी रह गयी, या यूं कहूं थानेदार महोदय अपने नजरों को बाबा महाराज के ऊपर से हटाना ही नहीं चाहते थे।

थानेदार महोदय बारंबार बाबा महाराज को प्रणाम निवेदित करते हुए कहते हैं-

"आपने मुझ पर दिव्य कृपा बरसायी है।

आपके दर्शन की अभिलाषा मुझे यहां खींच के लायी है।।

जिस पल से मेरे कर्णों ने आपकी महिमा का गान सुना।

उस क्षण से संकल्प है मेरा आपके दरबार में शीश झुकाना।।

इसके उपरांत थानेदार महोदय बाबा महाराज के भक्ति में ऐसे दीवाने हुए कि वो प्रत्येक रविवार प्रातः चार बजे के पहले ही बाबा के दरबार में हाजिरी लगाने पहुंच जाते और जब जब तक दूसरे भक्त दर्शन करने पहुंचते तब तक वे लौट जाते। ये सिलसिला कई महीनों तक चलता रहा फिर एक दिन बाबा महाराज के रहमतों का दरिया थानेदार महोदय के ऊपर ऐसा वर्षा कि थानेदार महोदय की पदोन्नति पुलिस उपाधीक्षक (सर्किल ऑफिसर) के पद पर हो गया साथ ही साथ उत्तर प्रदेश सरकार के द्वारा उत्कृष्ट सेवा के लिए प्रशस्ति पत्र से सम्मानित किए गए। इसके उपरांत थानेदार महोदय पदोन्नति के हर्ष से ज्यादा मेजा से जाने के कारण व्यथित थे क्योंकि पदोन्नति के कारण वो बाबा महाराज के श्री चरणों से दूर जा रहे थे परंतु कर्तव्य निभाने व परिवार का भरण-पोषण करने के लिए जाना तो जरूरी था। इसके उपरांत पुलिस उपाधीक्षक बने थानेदार महोदय जब बाबा महाराज से विदा लेने उनके दरबार में आए तो विशाल घंटा, धोती, लंगोट व खड़ाऊ चढ़ाकर पूजा-अर्चना किए और बाबा से अपने संपूर्ण परिवार पर उनकी दिव्य कृपा बनाए रखने का आग्रह किए। पुलिस

उपाधीक्षक महोदय आज भी समय मिलने पर बाबा महाराज के दरबार में दर्शन करने आते हैं एवं बाबा के पिंडी की मिट्टी को घर ले जाकर प्रतिदिन उसकी पूजा-अर्चना करते हैं।

17.

बाबा महाराज के पुनर्जन्म की गाथा

लगभग दो दशक पहले सन् दो हजार के बाद की बात है गांव के एक बेहद सम्मानित व्यक्ति जो किसी सरकारी सेवा के उच्च पद से सेवानिवृत्ति के पश्चात गांव में रहने आए। आने के उपरांत उन्हें ऐसा लगा कि परम पूज्य बाबा महाराज के मंदिर का कार्य मनमाने तरीके से संचालित होता है इसलिए संपूर्ण मंदिर की देखभाल एवं संचालन का कार्य उन्होंने अपने कंधों पर ले लिया। इसमें कोई दो राय नहीं है कि वो बाबा महाराज के भक्त थे क्योंकि सेवा का संकल्प लेना ही सेवक की प्रथम व्याख्या है परंतु वो बाबा महाराज के पिंडी की पूजा पद्धति से बिल्कुल अनभिज्ञ थे। उनका ऐसा मानना था कि बाबा महाराज की पिंडी हमेशा खुली रहती है जिससे भक्त पिंडी को स्पर्श कर लेते हैं साथ ही साथ हल्दी,चंदन और गंगा जी की मिट्टी का लेपन करते हैं। कुछ भक्त बाबा महाराज के पिंडी की मिट्टी पूजने के लिए भी ले जाते हैं। जबकि बाबा महाराज की इच्छा के कारण उनकी पिंडी खुली हुई थी ताकि भक्त गंगा की मिट्टी से उनके पिंडी का लेपन निरंतर कर सकें। भक्तों को बाबा का आशीर्वाद प्राप्त होता रहे एवं सबसे बड़ी बात बाबा महाराज स्वच्छंद रहें ताकि भक्तों पर कृपा बरसाने वो जब चाहें जहां चाहें आ जा सकें। मंदिर के संचालक सज्जन बिना इन बातों का पता लगाए स्वविवेक से अष्टधातु से परम श्रद्धास्पद बाबा महाराज के पिंडी को ढकना चाहते थे जो बाबा महाराज के भक्तों की दृष्टि में बेहद गलत था। हैरतअंगेज करने वाली घटना तो तब घटी जब बिना ग्रामीणों के जानकारी के पीतल नगरी मुरादाबाद से अष्टधातु का छत्र बाबा महाराज के पिंडी को ढ़कने के लिए आ गया। वर्ष के बारे में ग्रामीण सही पुष्टि नहीं कर पाए परंतु ये बताते हैं पांच मई की तारीख थी भोर तीन बजे मुख्य समाधि स्थल बिसेनपुर में मंदिर के संचालक द्वारा खुदाई प्रारंभ करायी गई

जिससे प्रातः होने के पूर्व ही बाबा महाराज के पिंडी को अष्टधातु से ढ़क कर पूजा पद्धति में बदलाव किया जा सके परंतु इधर खुदाई शुरू हुई और दूसरी तरफ बाबा महाराज अपने परम भक्तों को जो गांव के ही मानिंद लोग थे। उन सभी को आकाशीय बिजली की स्फूर्ति के समान स्वप्न में तमाचा मारते हुए बोले मेरा अस्तित्व संकट में है और तुम लोग चैन की नींद सो रहे हो जाओ मेरे मंदिर पर हो रही खुदाई को रोको एवं गंगा की मिट्टी से लेपन करो। मेरे बात को याद रखना मेरे पिंडी को ढकने की कोशिश कदापि न की जाए अन्यथा मेरा रौद्र रूप देखने को सभी तैयार हो जाओ। इस स्वप्न के उपरांत स्वप्न की खबर संपूर्ण गांव में आग की तरफ फैल गई और भोर के पांच बजते-बजते संपूर्ण ग्रामीण मंदिर में इकट्ठा हो गए और जैसे ही सभी ने स्वप्न में बाबा महाराज द्वारा बतायी घटना को घटते देखा सभी अचंभित रह गए एवं बिना एक पल की भी देरी किए हुए खुदाई के कार्य को बंद करा दिए। जिससे बाबा महाराज की पिंडी खुली रहे और वो भक्तों पर स्वच्छंद होकर अपनी दिव्य कृपा बरसाते रहें। इस घटना से प्रभावित लोगों ने मंदिर के संचालन का कार्य देख रहे सेवानिवृत्त सरकारी कर्मचारी को मंदिर संचालक के पद से हटा दिया गया एवं प्रातः छः बजे कई सारे ट्रैक्टरों से गंगा जी की मिट्टी लायी गयी। जिससे परम श्रद्धेय बाबा महाराज जी के पिंडी का लेपन हुआ तदुपरांत गंगा जी के निर्मल जल से बाबा महाराज का अभिषेक हुआ एवं पूरे दिन मंदिर पर पूजा-अर्चना चलती रही। पांच मई के उस दिन बाबा महाराज एक साथ कई ग्रामीणों को साक्षात् स्वप्न देकर अपनी अनोखी सत्ता का ऐसा शंखनाद किए जिससे लोग आज भी प्रभावित हैं। इसी कारण उसी समय से पांच मई को बाबा महाराज जी का पुनर्जन मनाया जाने लगा।

"धर्म और दर्शन के अनुसार पुनर्जन्म को कुछ इस प्रकार परिभाषित किया गया है कि जब किसी व्यक्ति के पुनर्जन्म जो शारीरिक मृत्यु के बाद भी बना रहता है चाहे वो चेतना हो, मन हो, आत्मा हो या कोई अन्य इकाई। एक या अधिक क्रमिक अस्तित्वों के होने की प्रमाणिकता दर्शाता हो। परंपरा कहती है पुनर्जन्म का अस्तित्व मानव, पशु, आध्यात्मिक या कुछ मामलों में वनस्पति हो सकती है- अर्थात् बाबा महाराज के होने का प्रमाण अप्रत्यक्ष रूप से ही सही सभी भक्तों को मिला जो आध्यात्म की उत्कृष्ट परिकल्पना है। इसी कारण प्रमाण मिलने वाले दिवस को पुनर्जन्म के रूप में मनाना आस्था के महापर्व की तरह है।"

क्षेत्र के लोग बताते हैं मंदिर के संचालन का कार्य पूर्व में देखने वाले अवकाश प्राप्त सरकारी कर्मचारी के ऊपर बाबा महाराज ने अपने दंड का सोटा चलाया जिससे

उनको शारीरिक, आर्थिक एवं जन की हानि हुयी साथ ही साथ उन्हें नाना प्रकार के कष्टों से गुजरना पड़ा। इसी कारण बाबा महाराज के संदर्भ में कोई कार्य करने जब भी कोई चलता है तो सबसे पहले उनसे आज्ञा प्राप्त कर लेता है और उनके आदेश का प्रसाद प्राप्त होने पर ही कोई भी कार्य आरंभ किया जाता है।

वर्तमान में पुनर्जन्म कैसे मनाया जाता है उसकी संक्षिप्त व्याख्या-

प्रत्येक वर्ष मई महीने के चार तारीख को बाबा महाराज के मुख्य समाधि स्थल विसेननपुर, परानीपुर, मेजा, प्रयागराज में पूजा-अर्चना प्रारंभ हो जाती है जिसकी पूर्णाहुति अगले दिन पुनर्जन्म के दिन पांच तारीख को होती है एवं सबसे बड़ी बात इस दिन बाबा महाराज की शोभायात्रा निकाली जाती है जो मुख्य समाधि स्थल से निकलकर बाबा महाराज के सभी परेठों में स्थित मंदिरों से होते हुए, आस-पास के ग्रामीणों को दर्शन देने के उपरांत पुनः मुख्य समाधि स्थल पर लौटती है तदुपरांत विधिवत मंत्रोचार के बीच परम दयालु परम श्रद्धास्पद श्री सुदिष्ट ब्रह्म देव "बाबा महाराज" का पुनर्जन्म मनाया जाता है। पुनर्जन्म के शुभ मौके पर भक्त कई हजारों की संख्या में उपस्थित होते हैं। बाबा महाराज का पुनर्जन्म मनाना तो केवल भक्तों के अंतःकरण में विद्यमान अपने प्रभु के प्रति श्रद्धा का एक उद्गार है अन्यथा बाबा तो स्वयं भक्तों को पुनर्जन्म देकर अद्भुत कृपा बरसाने वाले हैं।

प्रत्येक भक्त के मन में चलने वाली दो पंक्तियां प्रदर्शित करता हूं-

"चली चौरासी नरेश श्री सुदिष्ट बाबा महाराज की पालकी।
भक्तों पे कृपा बरसाने वाले तारणहार की।।"

18.

अहंकार का मर्दन करने वाले बाबा महाराज

एक समय की बात है जब परानीपुर से लगे हुए उत्तरी परेठ से होते हुए भुईपारा की सड़क का कार्य चल रहा था। सड़क बनाने वाले ठेकेदार को इस बात का अहंकार हो गया था कि ग्रामीण कहते हैं बाबा महाराज के मंदिर में पूजा-अर्चना करने के उपरांत उनको सारी बातों से अवगत कराने के बाद ही परेठ में सड़क का कार्य प्रारंभ किया जाए तभी अच्छा होगा अन्यथा बिना बाबा महाराज के आदेश के कोई उनके परेठ से धूल तक उठाकर नहीं ले जा सकता। इन संपूर्ण बातों के होते हुए मैंने सड़क बनाने का सामान परेठ में सकुशल गिरा दिया एवं कुछ ही समय में सड़क भी बना दूंगा। ठीकेदार के मन में जैसे ही ऐसे दुर्भाव चलने लगे वैसे ही सड़क बनाने की बाबा महाराज की स्वीकृति अस्वीकृति में बदल गयी। सड़क का कार्य करने वाले मजदूर जब परेठ में सड़क बनाने पहुंचे तो वे लड़खड़ा कर गिरने लगे। जो कोई परेठ में फावड़ा व कुदाली चलाता या तो घायल हो जाता या फिर फावड़ा व कुदाली टूट जाती एवं अगर कोई गिट्टी खींचना चाहता तो वो गिट्टी नहीं खींच सकता क्योंकि गिट्टी बड़े विशालकाय चट्टान की भांति भारी हो जाती, खींचने की ज्यादा कोशिश करने पर मजदूरो के शरीर के किसी न किसी भाग में खिंचाव आ जाता था। ऐसी स्थिति में कार्य करना दुर्लभ हो हो चुका था। प्रत्येक मजदूर काम के नाम से डरने लगा था कोई भी परेठ के नजदीक नहीं जाना चाहता था क्योंकि सभी को ये बात समझ आ चुकी थी कि ग्रामीणों द्वारा बतायी गई बात को हल्के में लेना ठेकेदार की बहुत बड़ी भूल थी। सर्वप्रथम उन्हे परम पूज्य बाबा महाराज से सड़क बनाने का आदेश लेना चाहिए अगर वो आदेश देंगे तभी सड़क बनाना संभव है अन्यथा कोई भी सड़क का कार्य नहीं कर सकता। इन सभी घटनाओं को देखने के उपरांत अपने हानि को महसूस कर

लेने के पश्चात ठेकेदार के अहंकार का नाश हुआ (होता भी क्यों ना कहते हैं बाबा महाराज का प्रमुख आहार अहंकार का मर्दन कर उसका पान करना है) घमंड नष्ट होने के उपरांत ठेकेदार की आंखों में पश्चाताप के अश्रु छलक रहे थे। उन्हीं अश्रुओं के साथ श्री सुदिष्ट ब्रह्म पीठ, परानीपुर प्रथम में जाकर बाबा महाराज से माफी मांगने लगा। ठीकेदार बाबा के समक्ष क्रंदन करते हुए बोला, हे नाथ आपके सेवक की जो आर्थिक हानि हो सकती है वो तो हो ही जाएगी परंतु अगर ये सड़क ना बनी तो लोगों को आवाजाही में तकलीफ होती रहेगी। इस सड़क को मैं निजी स्वार्थ के कारण नहीं बना रहा हूं यद्यपि लोकहित के लिए बना रहा हूं। मैं तो बनाकर वापस चला जाऊंगा इसका उपयोग तो आपके भक्त ही करेंगे। मैं अपने विचारों में आए दुर्भाव के लिए आपसे बारंबार माफी मांगता हूं एवं ये संकल्प लेता हूं जैसे ही सड़क का कार्य सकुशल हो जाएगा सवा कुंटल रोट व लड्डू का भोग चढ़ाऊंगा। ठेकेदार के संकल्प के बाद मानो चमत्कार हो गया हो। सभी जख्मी पड़े मजदूर ठीक हो गए एवं उनका दर्द समाप्त हो गया। सड़क का कार्य पुनः प्रारंभ किया गया जो बिना विशेष मेहनत के निर्विघ्न पूर्ण हो गया एवं सड़क बनकर तैयार हो गयी जो आज भी भुईपारा और आस-पास के गाँवों के आवाजाही का मुख्य मार्ग है।

सड़क बनने के उपरांत ठेकेदार ने सर्वप्रथम सवा कुंटल रोट व लड्डू बाबा महाराज को चढ़ाकर अपना संकल्प पूरा किया एवं विधिवत पूजा-अर्चना करके मंदिर में घंटा बांधा। अब वर्तमान में वो ठेकेदार बाबा महाराज का भक्त हो गया है एवं प्रत्येक कार्य करने के पहले श्री सुदिष्ट ब्रह्म (बाबा महाराज) का आशीर्वाद लेता है।

सारभूत निष्कर्ष-

"बाबा महाराज जिसपर अपनी छाप छोड़ते हैं,
उसके अंतःकरण में वो स्वयं विराजित हो जाते हैं।"

19.

भक्तों के बिगड़े काम बनाने वाले बाबा महाराज

आइए जानते हैं बाबा महाराज भक्तों के बिगड़े कार्य कैसे बनाते हैं-

भदोही जनपद में जन्मे एक सज्जन दिल्ली में कोई छोटी नौकरी करते थे। अचानक एक दिन उनकी नौकरी छूट गयी इसी बीच उन्होंने अपनी बेटी की शादी तय कर दी थी। एक तरफ़ नौकरी छूटने की वजह से घर खर्च चलना मुश्किल हो रहा था दूसरी तरफ बेटी की शादी के खर्च को सोचने मात्र से आंखों में अश्रु भर जाते इसी जद्दोजहद में वो सज्जन अपने ससुराल जो प्रयागराज के हंडिया तहसील में गंगा के किनारे बसे किसी गांव में था वहां रविवार के प्रातः नौ बजे इस भाव के साथ पहुंचे कि ये मेरे शुभेच्छु रिश्तेदार हैं शादी में कुछ ना कुछ मदद अवश्य करेंगे। ससुराल पहुंचने पर सज्जन की सासू मां ने कहा मेहमान रुकिए मत इसी वक्त बाबा महाराज के दर्शन के लिए चले जाइए। आइएगा तो पानी-दाना कीजिएगा अभी-अभी आपके बाबू जी (ससुर के लिए संबोधन किया गया है) और परिवार के कई अन्य लोग भी दर्शन के लिए निकले हैं। वो सभी घाट पर ही होंगे नाव छूटी नहीं होगी, जल्दी बढ़ जाइए बाबा महाराज आपकी सारी मनोकामनाएं पूर्ण करेंगे। सासू मां के इन शब्दों को सुनते ही सज्जन गंगा घाट की ओर बढ़ चले लेकिन गंगा के किनारे उनके ससुराल वाले नहीं मिले यद्यपि वो सभी जा चुके थे परंतु सज्जन के अंतःकरण में बाबा महाराज के दर्शन की इच्छा तो जागृत हो चुकी थी। इसी कारण उन्होंने सर्वप्रथम गंगा स्नान किया उसके पश्चात दूसरी नाव से गंगा पार कर चौरासी नरेश श्री सुदिष्ट बाबा महाराज के राजधानी मुख्य समाधि स्थल बिसेनपुर की ओर बढ़ चले। ज्यों-ज्यों उनके कदम बाबा महाराज के मंदिर की ओर दर्शन के लिए बढ़ते जा रहे थे त्यौं-त्यौं उनके नैनों से अश्रुधारा बहती जा रही थी एवं जैसे ही बाबा के दरबार में पहुंचकर बाबा के अलौकिक पिंडी को देखे

वो अपने आप को रोक नहीं पाए और बाबा महाराज के चौरा पर शीश रखके मन ही मन बाबा को अपनी सारी समस्या बताकर अपने सभी कष्टों को उनके श्री चरणों में रखते हुए स्वयं पर दिव्य कृपा करने का बारंबार निवेदन किए। दर्शन के उपरांत जब सज्जन वापस अपने ससुराल पहुंचे तो भोजन के दौरान ससुराल के सदस्यों द्वारा कुशल-क्षेम पूछने पर वो सब कुछ अच्छा बता कर कुछ ही समय में वापस घर की ओर चल दिए। जिस उद्देश्य से ससुराल गए थे बिना उस उद्देश्य को बताए ही क्योंकि उनको तो अब बाबा महाराज पर पूर्ण विश्वास था। उनके मन में ये भाव आ गया था अब जो होगा वो बाबा महाराज देखेंगे (मैं आप सभी से पूर्ण विश्वास के साथ कहता हूं जब भक्त के मन में इतने सुंदर भाव आ जाते हैं तो बाबा महाराज वो करके दिखाते हैं जो भक्त द्वारा स्वप्न में भी नहीं सोचा जा सकता है)। दर्शन करने के चौबीस घंटे के भीतर उन सज्जन के पास दिल्ली से एक फोन आया जो एक बड़े उद्योगपति का था, जिसने सज्जन से पूछा महोदय वर्तमान में आप कहां हैं और क्या कर रहे हैं इस पर सज्जन ने बताया श्रीमान जी मैं दिल्ली में ही हूं और जिस कंपनी में मैं काम करता था वहां से मुझे कंपनी में हुयी हानि के कारण निकाल दिया है। वर्तमान में मैं नौकरी की तलाश कर रहा हूं। इतना सुनते ही उद्योगपति ने कहा आपके नौकरी की तलाश खत्म हुयी परसों आकर मुझसे मेरे ऑफिस में मिलिए। ऑफिस का पता आपके फोन पर मैसेज कर देता हूं। इतना सुनते ही सज्जन की आंखों में चमक आ गई। जिसे नौकरी मिलने की कोई उम्मीद नहीं थी उसे सामने से फोन आया ये किसी चमत्कार से कम नहीं था परंतु उन सज्जन का मन तो जानता था ये सभी बाबा महाराज के आशीर्वाद से हो रहा है इसी कारण वो बिना देर किए दिल्ली निकलने से पहले एक बार पुनः बाबा के दर्शन करने निकले और आकर पूर्वी परेठ परानीपुर (वर्तमान उरनाह परेठ) में स्थित बाबा महाराज के मंदिर में दर्शन करने के उपरांत संकल्प लिए अगर प्रभु आपकी कृपा से सब कुछ सकुशल रहा नौकरी मिल गई एवं पुत्री का विवाह संपन्न हो गया तो मैं आपके इसी परेठ में मंदिर के निकट धर्मशाला बनवाऊंगा। इसके उपरांत सज्जन मुख्य समाधि स्थल पर जाकर बाबा महाराज का दर्शन किए और वहीं से सीधा दिल्ली निकल गए क्योंकि समय बहुत कम था और दिल्ली बहुत दूर, दूसरी तरफ उन्होंने फोन पर उद्योगपति से झूठ भी बोला था कि वो दिल्ली में ही है अगर समय पर नहीं पहुंचते तो हो सकता था उद्योगपति उन्हें लापरवाह समझकर काम पर ना रखते। दिल्ली पहुंचकर वो सज्जन निर्धारित समय पर उद्योगपति के कार्यालय पहुंच गए जहां नौकरी के लिए मिलना था। पहुंचने के आधे घंटे के भीतर उद्योगपति ने उन

सज्जन से मुलाकात की सज्जन तो बेहद घबराए हुए थे कि जाने कैसे प्रश्न पूछे जाएंगे परंतु उद्योगपति बिना कोई सवाल पूछे उन सज्जन का नाम पुकारते हुए बोले कैसे हैं आप इसपर सज्जन बेहद आश्चर्य के साथ बोले मैं ठीक हूं श्रीमान जी लेकिन उन्हें ये नहीं समझ में आ रहा था कि उद्योगपति उनके नाम को कैसे जान रहे थे और बीते दिन में फोन करने के लिए उन्हें फोन नंबर कहां से मिला था। इतने में उद्योगपति बोले घबराइए नहीं महोदय आपके बारे में मुझे आपकी पुरानी कंपनी से जानकारी मिली है जहां आप काम करते थे वहां के मालिक हमारे मित्र है तीन दिन पहले (ये वो दिन था जिस दिन सज्जन बाबा महाराज का दर्शन करने गए थे) हमने उनसे विश्वास पात्र आदमी के लिए जिक्र किया था तो उन्होंने आपका नाम बताया और फोन नंबर भी दिया साथ ही साथ ये भी बताया कि कंपनी घाटे में जाने के कारण आपको निकालना पड़ा। फिलहाल आगे की बातें कर लेते हैं पहले आप कितनी सैलरी पाते थे इसपर उन सज्जन ने कहा श्रीमान जी मैं दस हजार रुपए पाता था जिसे सुनने के बाद उद्योगपति ने कहा ठीक है मैं आपको पंद्रह हजार सैलरी दूंगा साथ ही साथ रहने व खाने की व्यवस्था भी करवा दूंगा। अगर कोई दिक्कत हो तो बिना संकोच के आप कह सकते हैं। सज्जन को तो मानो खजाना मिल गया हो उन्होंने कहा नहीं श्रीमान जी मुझे कोई समस्या नहीं है। आप केवल इतना आदेश कीजिए कि मैं कब से काम पर आ जाऊं? इस प्रश्न का उत्तर देते हुए उद्योगपति बोले जाइए कैश काउंटर पर पांच हजार रुपए एडवांस (अग्रिम) ले लीजिए और आप कल से काम पर आ सकते हैं।

इस सुखद घटना के बाद वो सज्जन मन ही मन बाबा महाराज का धन्यवाद करते हुए कंपनी से बाहर आए एवं अपने परिजनों के साथ फोन पर खुशखबरी साझा की। सज्जन काम करने लगे दो-ढाई महीने बीते होंगे उन्हें अपनी बेटी की शादी की तैयारियों की चिंता होने लगी इसी कारण वो अपने मालिक के पास छुट्टी मांगने गए जिसपर उद्योगपति ने सज्जन से पूछा, "क्या हुआ कोई परेशानी है आपको?" अभी तो आपने नौकरी करना शुरू किया और इतनी जल्दी आप छुट्टी मांग रहे हैं। मालिक की ऐसी बातें सुनने के उपरांत उन सज्जन के नैनों में अश्रु भर गए जिसे देखकर मालिक भी भावुक हो गया और पूछने लगा क्या हुआ बताइए तो सही हो सकता है मैं आपकी कोई मदद कर पाऊं, मालिक के पूछने पर उन सज्जन ने बताया श्रीमान जी दो महीने बाद मेरी बेटी की शादी है मैंने अब तक शादी की कोई तैयारी नहीं की है। घर जाकर पैसों की व्यवस्था कर अपने बाबू जी को दूंगा जिससे वो शादी की तैयारी कर सकें। सज्जन की बातें सुनने के बाद मालिक बोले परेशान मत होइए। बताइए

शादी में कितना खर्च लगेगा इसपर उन सज्जन ने बड़ी विनम्रता से कहा श्रीमान जी मुझे निश्चित तो नहीं पता परंतु सात-आठ लाख रुपए तो लग ही जाएंगे। मालिक ने उन सज्जन से कहा ठीक है जब आपकी बेटी की शादी पंद्रह दिन रह जाएगी तो मैं आपके साथ आपके गांव चलूंगा और शादी में जो भी खर्च लगेगा वो मैं कर दूंगा। अब आप जाइए और काम कीजिए। मालिक के इन संतोषजनक शब्दों को सुनने के पश्चात वो सज्जन पुनः काम करने लगे इसके बाद समय बीता और एक दिन मालिक ने उन सज्जन को बुलाया और पूछा बिटिया की शादी में कितना समय बाकी है तो सज्जन ने मलिक को बताया श्रीमान जी चौबीस दिन जिसे सुनकर मलिक ने कहा ठीक है हम कल शादी का इंतज़ाम करने आपके गांव चलेंगे। अगले दिन मालिक अपने चार-पांच लोगों के साथ संत रविदास नगर (भदोही) उन सज्जन के गांव आए और सज्जन के पिता जी के बताए अनुसार सभी चीजों की उत्तम व्यवस्था की। भदोही के प्रसिद्ध बाजार गोपीगंज से शादी के सामानों की खरीदारी की जो दो ट्रक से भी ज्यादा सामान था। इसके अलावा जेवर व दहेज के लिए पैसों के अतिरिक्त दो लाख रुपये उन सज्जन के पिताजी को दिए और बोले शादी में कोई भी कमी ना रखिएगा यदि और पैसों की जरूरत होगी तो बिना संकोच के बताइएगा। मैं आपके सुपुत्र को लेकर जा रहा हूँ एवं शादी के दो दिन पहले इनको भेज दूंगा। मालिक के बातों को सुनने के बाद उन सज्जन का पूरा परिवार मालिक से आग्रह करने लगा कि आप भी शादी में अवश्य आइएगा बिटिया को आपका आशीर्वाद मिल जाएगा। स्नेह पूर्ण आमंत्रण को मालिक (उद्योगपति) मना ना कर पाए एवं उन्होंने शादी में उन सज्जन के साथ आने की स्वीकृति जता दी। समय बीता एवं शादी का समय आ गया सज्जन व उनके मालिक शादी में दो दिन पहले गांव आ गए और शादी की बची हुई तैयारियां की। बेहद आश्चर्य की बात ये थी कि इतना बड़ा उद्योगपति जो हजारों करोड़ों का मालिक था शादी के संपूर्ण कार्यों में ऐसे भाग ले रहा था मानो उसकी बेटी की शादी हो। पूज्य बाबा महाराज की कृपा से शादी इतनी शानदार तरीके से हुयी जिसकी सज्जन व उनका परिवार कभी कल्पना नहीं कर सकते थे क्योंकि उनके जीवन का हाल तो कुछ इस प्रकार था घर में खाने की व्यवस्था करने के भी पैसे नहीं थे शादी सिर पर थी, वो लोगों से मदद मांगने का विचार बना रहे थे क्या होगा इस बात का अंदाजा नहीं था। बावजूद इसके अगर उनकी बेटी की शादी की भव्यता लोगों के बीच चर्चा का विषय थी तो वो दिव्य चमत्कार है जो बाबा महाराज ने किया था। सज्जन के सारे कार्य निर्विघ्न पूरे होने लगे उनका बेटा भी अच्छी पढ़ाई करने लगा। वो काम और परिवार

के जिम्मेदारियों के बीच अपने संकल्प को भूल गए जो उरनाह परेठ में धर्मशाला बनाने का था। एक दिन अचानक नींद से उनकी आंख खुली तो उन्हें अपने संकल्प का ध्यान आया जिसे सोचते ही सज्जन को ये सोचकर पश्चाताप होने लगा कि बाबा महाराज की कृपा से मेरे सारे कार्य निर्विघ्न पूर्ण हो रहे हैं और मैं उनसे किए वादे पर खरा नहीं उतरा। इसके बाद सज्जन तत्काल अपने घर आए और उरनाह परेठ में पहुंचकर बाबा महाराज का दर्शन-पूजन कर बाबा की आज्ञा लेकर धर्मशाला का निर्माण कराया साथ ही साथ हवन पूजन कर भंडारे का आयोजन किए। बाबा महाराज उन सज्जन और उनके परिवार पर अद्भुत कृपा किए हुए हैं जिसके कारण वो फल-फूल रहे हैं। उन सज्जन को बाबा महाराज ने अपनी विशेष भक्ति से नवाजा है। जब भी वो अपने गांव आते हैं तब बाबा महाराज के दर पर दर्शन करने जरूर आते हैं।

बाबा महाराज अपने किसी भक्त की आंखों में आंसू नहीं देख सकते वो अपने प्रत्येक भक्त पर कृपा करते हैं कृपा होने में थोड़ी देर लग सकती है, बाबा अपने भक्तों की परीक्षा ले सकते हैं परंतु शरण में आए प्रत्येक व्यक्ति की मनोकामनाएं अवश्य पूर्ण करते हैं।

20.

अपनी कृपा से नास्तिक को आस्तिक बनाते हैं बाबा महाराज

पहली कहानी- लगभग छः-सात वर्ष पहले जौनपुर के एक बेहद प्रसिद्ध व्यापारी जिनको व्यापार में बहुत हानि हो गया था। अच्छी चल रही जिंदगी तबाह हो गई थी उन्हें कुछ समझ नहीं आ रहा था कि सब कुछ पहले की तरह ठीक कैसे किया जाए इसी कश्मकश में व्यापारी परेशान थे। इसी बीच उनके पिता जी उनके पास आए जो परम पूज्य बाबा महाराज जी के भक्त थे। उन्होंने अपने पुत्र से कहा एक जगह है जहां तुम्हारी समस्याओं का समाधान मिल जाएगा। अपने पिता की सकारात्मक बातों को सुनकर पुत्र की आंखों में चमक आ गई और उसने सोचा लगता है पिता जी किसी ऐसे व्यक्ति की बात कर रहे हैं जो आर्थिक मदद कर देगा, जिससे व्यापार को पुनः पहले जैसा व्यवस्थित करने में मदद मिल जाएगी। इसी विचार के साथ व्यापारी ने अपने पिता से कहा ठीक है मुझे उस स्थान पर ले चलिए जहां मेरी समस्या का हल निकलेगा दूसरी तरफ पिता अपने व्यापारी पुत्र को ये नहीं बताए कि वो उसे किसी सांसारिक व्यक्ति के पास मदद दिलाने नहीं ले जा रहे बल्कि साक्षात् ब्रह्म सुदिष्ट बाबा महाराज की शरण में ले जा रहे हैं। उनके ना बताने का कारण भी बेहद जायज था क्योंकि उनका पुत्र ईश्वर व ब्रह्म की शक्तियों पर विश्वास ही नहीं करता था यद्यपि वो नास्तिक था। इसी कारण पिता के मन में इस बात का भी डर था कि उनका व्यापारी पुत्र बाबा महाराज के दरबार में पहुंचकर क्या प्रतिक्रिया देगा बावजूद इन सभी पहलुओं के पिता अपने व्यापारी पुत्र के साथ बाबा महाराज के दरबार के लिए निकले। यात्रा के दौरान पुत्र द्वारा पिता से कई बार स्थान का नाम पूछा गया जहां वो जा रहे थे परंतु पिता प्रत्येक बार ये कहकर बात टाल देते कि मैं ड्राइवर को रास्ता

बताता जा रहा हूं तुम पहुंचकर स्वयं उस स्थान को देख लेना जहां पर मैं तुम्हें ले चल रहा हूं। पिता के इन बातों से व्यापारी पुत्र के मन में संदेह होने लगा था कि उसके पिता उसे किसी से मदद दिलाने नहीं यद्यपि किसी धर्मस्थल पर ले जा रहे थे। व्यापारी कभी उस तरफ़ आया ही नहीं था जिस तरफ उसके पिता उसे ले जा रहे थे इसी कारण वो ये भी नहीं जानता था कि जिस रास्ते पर उसके पिता उसे ले जा रहे थे वो बाबा महाराज के दरबार की ओर जाता है। इसके उपरांत कुछ ही समय में व्यापारी की गाड़ी बिसेनपुर गांव में बने बाबा महाराज के मंदिर के निकट आ पहुंची जिससे व्यापारी समझ चुका था कि उसकी कल्पना हकीकत में बदल चुकी है। उसके पिता उसे किसी से मदद दिलाने नहीं ले जा रहे थे यद्यपि वाकई में उसे कलयुग के धर्म कहे जाने वाले बाबा महाराज के दरबार में ले आ रहे थे। इतना सब कुछ जानने के बाद व्यापारी अपने पिता से नाराजगी भरे स्वर में बोला जब आपको पता है मैं परेशान हूं, व्यापार बंद होने की कगार पर है और आप मुझे झूठ बोलकर यहां लाए हैं कि मेरी समस्याओं का हल निकल जाएगा। मेरी ही गलती है जो मैं आपकी बातों में आ गया। जाइए दर्शन करके आइए और वापस चलिए मुझे अपना कीमती समय और अधिक बर्बाद नहीं करना। पुत्र की इतनी बातें सुनते ही पिता क्रोध से भर उठे और डांटते हुए बोले बर्बादी के रास्ते पर खड़े हो और इतना घमंड करते हो अपने इस घमंड की रेत को झाड़ दो तभी तुम्हारा कल्याण होगा। मैं तुम्हें यहां लेकर आया हूं तो उसके पीछे कोई वजह है मैंने तुमसे ज्यादा दुनिया देखी है सांसारिक लोगों से मदद की उम्मीद रखते हो जो एक असफल व्यक्ति के साथ पल भर खड़े नहीं होना चाहते मदद करने की बात तो दूर छोड़ो। मैं तुम्हें उस दर पर लाया हूं जहां से कोई कभी खाली हाथ नहीं लौटता, ये वो दरबार है जहां-

"पराजय को विजय में बदल देने वाले परम पूज्य बाबा महाराज साक्षात् विराजित हैं।"

पिता की इन बातों के कारण व्यापारी कुछ बोल ना सका और उसे दर्शन करने बाबा महाराज के मंदिर में जाना पड़ा परंतु भक्ति तो वर्षा की स्वच्छंद बूंदों की भांति होती है जब अंतःकरण से निकलेगी तभी होगी किसी के दबाव से होना संभव नहीं है। बाबा महाराज के दरबार में प्रवेश करने के बावजूद भी व्यापारी के मन में कोई परिवर्तन नहीं हुआ। बाबा की जिस पिंडी को देखकर अच्छे-अच्छे मंत्रमुग्ध होकर सुध-बुध खो देते हैं ऐसे दिव्य चमत्कारी बाबा महाराज के दरबार में खड़े होकर भी उसके नास्तिक विचार उसपर पूर्ण रूप से प्रभावी थे दूसरी तरफ उसके पिता जी बाबा के पिंडी पर सिर रखकर बारंबार सब कुछ ठीक होने की विनती करते और अपने पुत्र

के अपराधों के लिए क्षमा मांगते। अंततः व्यापारी के बुजुर्ग पिता ने बाबा महाराज से कहा, "मैं अपने पुत्र को आपके श्री चरणों में समर्पित करता हूं अब इसका अच्छा बुरा सब आपकी कृपा पर निर्भर करता है।" बुजुर्ग भक्त के प्रेम से वशीभूत होकर बाबा महाराज व्यापारी पर कृपा करने को मजबूर हो गए। इसके उपरांत व्यापारी और उसके पिता वापस अपने घर लौट गए परंतु कहानी शुरू हुई बाबा महाराज के चमत्कार की, नास्तिक व्यापारी को आस्तिक बनाने की, उसे व्यापारी से उद्योगपति बनाने की जिसकी व्याख्या इस प्रकार है।

उस रात जब व्यापारी सोया तो उसके स्वप्न में बाबा महाराज आए और बोले मैं चाहता तो तुझे अपने धाम में ही अपनी सत्ता का भान करा देता परंतु तेरे पिता मुझे बहुत प्रिय हैं उनकी भक्ति से मैं प्रसन्न हूं। उन्होंने तुझे मुझे सौंपा है इसी कारण अब चाहे तू लायक हो या नालायक, तेरी प्रत्येक समस्या का निदान कर तुझ पर कृपा करना मेरी जिम्मेदारी है। इसके बाद बाबा महाराज ने स्वप्न में ही व्यापारी को समस्या से बाहर निकलने का मार्ग बताए जिससे हानि फायदे में बदल जाए साथ ही साथ व्यापारी का हृदय परिवर्तन भी किए जिससे वो ईश्वर व ब्रह्म की शक्ति को जान पहचान सके। इसी के साथ स्वप्न खत्म होते ही व्यापारी की नींद खुली तो सबसे पहले वो अपने पिता के पास पहुंचा और स्वप्न की सारी बातों का उल्लेख करते हुए उसकी आंखों में आंसू आ गए थे या यूं कहूं व्यापारी के भाव बदल चुके थे उसे अब केवल ईश्वर व बाबा महाराज जी ही दिखाई दे रहे थे। उसे ये समझ में नहीं आ रहा था वो पहले किससे माफी मांगे ईश्वर से, बाबा महाराज से या अपने पिता से क्योंकि उसने सब पर अविश्वास जताया था किसी की महत्ता का उसने मान नहीं रखा था। उसे कुछ और ना समझ आया तो अपने पिता से ही माफी मांगना शुरू कर दिया क्योंकि वो प्रायः उसे आस्तिक होने की सलाह देते और वो नाराज हो जाता। व्यापारी के पिता को ये समझ आ चुका था कि बाबा महाराज ने उनके पुत्र को अपने शरण में ले लिया है। उन्होंने अपने पुत्र को सलाह दी सर्वप्रथम बाबा महाराज ने जैसा तुम्हें आदेश दिया है वैसा करो फिर बाबा के शरण में चलकर माफी मांगो और धन्यवाद ज्ञापित करो। व्यापारी ने पिता के आदेश का पालन किया एवं बाबा महाराज के बताए मार्ग पर चला देखते ही देखते वो हुआ जिसकी कल्पना करना व्यापारी ने कब का छोड़ दिया था। उसके करोड़ों रुपए जो काफी समय से ऐसी जगह फंसे थे जिनके निकलने की कोई उम्मीद नहीं थी प्रयास करने पर निकल गए व्यापार जो हानि के कारण बंद होने वाला था उसमें फायदा होने लगा कुछ ही दिनों में उसे काम बढ़ाने की जरूरत समझ में आने

लगी और उसकी सारी समस्याएं हल हो गयी। नास्तिक व्यापारी के मन में आस्तिक विचारों का अंकुरण हो गया और वो बाबा महाराज का भक्त बन गया। सभी कार्यों के सुव्यवस्थित होने के बाद व्यापारी सपरिवार बाबा महाराज के दरबार में दर्शन करने आया और अपने सभी अपराधों के लिए बाबा से माफी मांगा साथ ही साथ उनकी असीम कृपा के लिए धन्यवाद ज्ञापित किया दूसरी तरफ उसके पिता नयनों में अश्रु लिए बाबा महाराज से केवल एक बात कहते मेरी सारी चिंताएं नष्ट हो गई हैं अब कुछ और नहीं चाहिए आपने मेरे पुत्र को अपनी शरण में लेकर मुझपर बड़ी कृपा की है। सबसे बड़ी बात व्यापारी महोदय समय मिलने पर प्रायः बाबा महाराज का दर्शन-पूजन करने धाम में आते रहते हैं।

दूसरी कहानी- कुछ वर्षों पहले बनारस हिंदू विश्वविद्यालय वाराणसी के एक सुप्रसिद्ध दर्शनशास्त्र के विभागाध्यक्ष हुआ करते थे। वो दर्शनशास्त्र के महान विद्वान के रूप में ख्यातिबद्ध थे एवं उनकी कई पुस्तकें न केवल भारत में बल्कि विदेशों में भी चलती हैं। प्रोफेसर साहब चार्वाक दर्शन के अनुयायी थे (चार्वाक दर्शन एक प्राचीन भारतीय भौतिकवादी और नास्तिक दर्शन है। यह दर्शन प्रत्यक्ष प्रमाणों को मानता है पारलौकिक सत्ताओं को स्वीकार नहीं करता है) अर्थात् प्रोफेसर साहब का दर्शन उन्हें ईश्वर को मानने की इजाजत नहीं देता था। इसी कारण वो प्रायः पारलौकिक शक्तियों के विरोध में प्रख्यान दिया करते एवं उनके विरोध में लिखा भी करते थे। प्रोफेसर साहब के साथ कुछ ऐसी घटनाएं घटने लगी जो किसी चमत्कार से कम नहीं थी यद्यपि हैरतंगेज कर देने वाली थी। किसी पारलौकिक सत्ता के स्वामी मध्य रात्रि में प्रोफेसर साहब को स्वप्न देत और अपने धाम बुलाते साथ ही ये भी कहते कि मैं एक दिन तुम्हें ईश्वर का परम भक्त बना दूंगा परंतु प्रोफेसर साहब अपने दर्शन के आगे प्रत्येक बातों को मिथ्या मानते थे। उनका ऐसा विचार था कि मैं दिन के उजाले में पारलौकिक सत्ताधारियों का विरोध करता हूं इसलिए रात के अंधेरे में जब मैं नींद की स्थिति में होता हूं तो मेरे विचार मेरे मेरा विरोध करते हैं इसी कारण मुझे ऐसे स्वप्न आते हैं। देखत ही देखते वो समय भी नजदीक आ गया जब प्रोफेसर साहब जिन सार्वभौमिक सत्य परम अविनाशी पारलौकिक शक्तियों अर्थात् ईश्वर को काल्पनिक और स्वप्न को मिथ्या मानते थे उनके हकीकत में बदलने का वक्त आ गया या यू कहूं वो जिसे भ्रम मान बैठे थे उसके सत्य स्वरूप का भान होने का समय आ गया था एवं उनके चावार्क दर्शन से परिपूर्ण विचारों का दमन होने वाला था। इसी बीच प्रोफेसर साहब इलाहाबाद विश्वविद्यालय प्रयागराज में आयोजित एक गोष्ठी में प्राख्यान देने के लिए

आए हुए थे। प्राख्यान समाप्त होने के पश्चात जब प्रोफेसर साहब को वापस वाराणसी लौटना हुआ तो प्रोफ़ेसर साहब के मन में विचार आया कि मेजा क्षेत्र के बनारस हिंदू विश्वविद्यालय वाराणसी में उनके सहकर्मी मित्र के पिताजी की तबीयत खराब थी उन्हें देखकर उनका कुशल-क्षेम जान लिया जाए। इसी कारण उन्होंने अपने साथियों से कहा पहले हम मेजा चलते हैं जो शहर से 40-50 किमी• दूरी पर ही था, फिर वहां से किसी गंगा घाट पर बने कच्चे पुल (पीपा पुल) से होकर प्रयागराज-वाराणसी राजमार्ग पर पहुंच जाएंगे। प्रोफेसर साहब मेजा अपने सहकर्मी मित्र के घर पहुंचकर उनके पिताजी का कुशल-क्षेम जानने के पश्चात लौटने के लिए अपने मित्र से रास्ता पूछे तो उनके मित्र ने उन्हें मदरा घाट पर बने पीपा पुल जिसे टेला का पुल भी कहा जाता है का रास्ता बताए जिससे वो बरौत, प्रयागराज-वाराणसी राजमार्ग पर पहुंच जाते। मित्र के बताए अनुसार प्रोफेसर साहब मदरा-टेला पीपा पुल की ओर बढ़ चले परंतु जब वो भृंगारी (ये गांव बाबा महाराज के मुख्य समाधि स्थल के नजदीक का गांव है अधिकांश दर्शनार्थी इसी गांव से होकर दर्शन के लिए जाते हैं) पहुंचे तो उनकी गाड़ी खराब हो गयी जिसको बनवाने के लिए जब प्रोफेसर साहब नीचे उतरे तो उन्हें ऐसा लगा जैसे कोई उत्तर दिशा की ओर से बुला रहा है। जिस प्रकार चुंबकीय तत्व लोहे को अपनी ओर आकर्षित करता है उसी प्रकार प्रोफेसर साहब किसी ऐसी शक्ति के आकर्षण से आकर्षित हो रहे थे जिसे वो जाना-पहचाना महसूस कर रहे थे। देखते ही देखते वो अपने ऊपर नियंत्रण खो दिए एवं उत्तर दिशा की ओर पैदल ही चल दिए पीछे-पीछे उनके सभी साथी भी चल दिए लगभग एक किमी• दूरी पर जाकर प्रोफेसर साहब ठीक बाबा महाराज के मंदिर के सामने रुक गए एवं जब प्रोफेसर साहब ने स्वप्न में देखे गए स्थान को साक्षात् अपनी आंखों से देखा तो स्तब्ध रह गए। चावार्क दर्शन के अनुयायी होते हुए भी प्रोफेसर साहब अपने आप को बाबा महाराज के मंदिर में जाने से रोक नहीं पाए और जैसे ही वो मंदिर में पहुंचे उनकी आंखें खुली की खुली रह गयी क्योंकि उन्हें समझ आ चुका था कि जिस पारलौकिक ब्रह्म का साक्षात्कार उन्हें हो रहा था वो कोई और नहीं यद्यपि बाबा महाराज ही थे, जिनके बारे में प्रोफेसर साहब ने कभी सुना भी नहीं था। सबसे बड़ी रोचक बात ये थी कि वो कभी मंदिर तो क्या मेजा क्षेत्र में ही नहीं आए थे परंतु जब उनकी दृष्टि बाबा महाराज के पिंडी पर पड़ी तो वो सहज ही बोल पड़े ये बाबा महाराज हैं मैंने इन्हें स्वप्न में देखा है एवं ये मुझे प्रायः अपने पास बुलाते थे कहते-कहते रोने लगे क्योंकि अब उन्हें समझ आ चुका था जिन पारलौकिक शक्तियों को वो मिथ्या कहते थे उनसे बड़ा सत्य कोई और

नहीं है एवं जिस ज्ञान के घमंड में वो ईश्वर व पारलौकिक शक्तियों का विरोध करते थे उनकी सत्ता को मिथ्या बताते थे वो सब सार्वभौमिक सत्य था जिसे कभी बदला नहीं जा सकता दूसरी तरफ उनका ज्ञान ही मिथ्या था जो ये ना जान सका कि बिना ईश्वर व पारलौकिक सत्ता के मानव जीवन ही मिथ्या है। प्रोफेसर साहब बाबा महाराज के पिंडी पर इस कदर मोहित हुए कि वो बाबा के भक्त हो गए साथ ही साथ ईश्वर पर उन्हें इस कदर विश्वास हुआ कि वो घूम-घूम कर तीर्थ यात्रा करने लगे। भागवत भजन में दिनचर्या बिताने लगे एवं श्रीमद् भागवत कथा का गायन करने लगे। प्रोफेसर साहब जहां भी जाते हैं वहीं लोगों को बाबा महाराज की गाथा सुनाते हैं और कहते हैं बाबा महाराज ने अपने रहमतों का दरिया मुझ पर ऐसा बरसाया कि पशु-पक्षी के जिंदगी व्यतीत करने वाले, पारलौकिक शक्तियों का विरोध करने वाले मुझ अज्ञानी को मानव बना दिए। भगवत प्रेमी बना दिए, करुणा निधान ने मुझे अपनी भक्ति का अभय वरदान दे दिया।

प्रोफेसर साहब पर बाबा महाराज की कृपा होने का कारण- प्रोफेसर साहब बताते हैं मुझे बाबा की अभय भक्ति प्राप्त होने के बहुत बाद में ज्ञात हुआ। जब मैं छात्र था और असफलताओं से हर पल द्वंद कर रहा था लेकिन सफलता मेरे हिस्से में नहीं आ रही थी उन दिनों मेरी माँ मेरे ननिहाल जो प्रयागराज जिले के हंडिया तहसील में पड़ता है वहां गयी हुयी थी। उस समय मेरी नानी ने माँ को बाबा महाराज का दर्शन-पूजन करने की सलाह दी और बताया बाबा महाराज की कृपा से मेरी असफलता सफलता में बदल जाएगी तदुपरांत मेरी माँ ने बाबा महाराज के धाम में जाकर पूजा की एवं उनके श्री चरणों में प्रणाम निवेदित करते हुए बोली मैं अपने पुत्र को आपके श्री चरणों की कृपा की छाया में सुपुर्द करती हूं उसकी सफलता व असफलता सभी आपके रहमतों पर निर्भर करती है। उनके बाबा के धाम से लौट के कुछ महीने के अंदर ही मेरा चयन बनारस हिंदू विश्वविद्यालय वाराणसी में बतौर सहायक प्रोफेसर दर्शनशास्त्र के पद पर हो गया जिस कारण बाबा महाराज पर मेरी माँ की विशेष आस्था थी। बाबा महाराज की कृपा व भक्ति का फल मुझे मेरी मां की धरोहर के रूप में मिला है। इससे एक बात तो स्पष्ट हो जाती है प्रोफेसर साहब की सफलता के पीछे बाबा महाराज का आशीर्वाद था जिसको प्रोफेसर साहब व उनका परिवार मानता है।

निष्कर्ष- उपरोक्त दोनों कहानियों को जानने व समझने के पश्चात एक बात तो शत-प्रतिशत सत्य है कि जो सच्चे मन से स्वयं को या किसी अपने को बाबा महाराज के श्री चरणों में सुपुर्द कर देता है। बाबा उसपर अपनी कृपा अवश्य करते हैं

एवं उसके सारे बिगड़े कार्य बनाते हैं साथ-साथ जब कोई भक्त भटक जाता है तो उसे सही मार्ग दिखाते हैं। मैं कई बार इस बात का जिक्र करता हूं बाबा महाराज की कृपा होने में समय जरूर लग सकता है परंतु होगी जरूरी ये निश्चित है। जिसे संदेह हो वो सच्चे मन से बाबा के दरबार में पहुंचकर स्वयं को उनके श्री चरणों में सुपुर्द करके प्रमाण पा सकता है।

इसके संदर्भ में दो पंक्ति प्रस्तुत करता हूं-

" बाबा महाराज के दरबार में पहुंचे भक्त के गर्दिशों के सितारे कब आकाश के सितारों में बदल जाते हैं स्वयं भक्त को ही नहीं पता चलता है। "

21.

दो सगे भाई बाबा महाराज की भक्ति करने से बने सरकारी अधिकारी

मिर्जापुर जिले में जन्मे दो भाई जिनके परिवार की आर्थिक स्थिति बेहद दयनीय थी या यूं कहूं खाने तक का ठिकाना नहीं था। किसी तरह अगर सुबह भोजन बन जाता तो रात में खाली पेट ही सोना पड़ता था। संघर्षों का सागर इतना गहरा था कि जीवन का प्रत्येक पल भारी लगता था। पिता की असमय मृत्यु हो चुकी थी एवं माँ दूसरों के घरों में काम करती थी। दोनो भाई जब कुछ बड़े होने लगे तो परिवार की दयनीय स्थिति देखकर बेहद परेशान रहने लगे। इसी बीच उनके गांव के एक पंडित जी ने उन्हें बताया कि प्रयागराज के मेजा क्षेत्र में स्थित बिसेनपुर, परानीपुर गांव में परम पूज्य श्री सुदिष्ट बाबा महाराज जी का दिव्य चमत्कारी धाम है जहां पहुंचे प्रत्येक भक्त की तकदीर बदलती है एवं कष्ट उसके चौखट तक नहीं आते। तुम दोनों वहां जाकर प्रत्येक रविवार दर्शन किया करो निश्चित रूप से तुम लोगों का कल्याण होगा। पंडित जी की बातों को सुनने के उपरांत दोनों भाइयों के मन में आशा की एक किरण का उदय हुआ और उन्होंने बाबा महाराज का प्रत्येक रविवार को दर्शन-पूजन करने का दृढ़ संकल्प लिया। आने वाले पहले रविवार से ही दोनों भाई दर्शन के लिए मिर्ज़ापुर से प्रयागराज जाने वाली पैसेंजर ट्रेन से मेजारोड रेलवे स्टेशन पर पहुंचकर पैदल यात्रा करते हुए बाबा महाराज के धाम पहुंचे एवं बाबा महाराज की पूजा-अर्चना किए। सबसे दिलचस्प बात ये है कि जो भक्त एक बार पूर्णतया श्रद्धा के साथ बाबा महाराज के दरबार में आता है बाबा उसे अपनी मोहनी से मोह लेते हैं।

बाबा महाराज की मोहनी पिंडी के लिए दो पंक्ति लिखता हूं-

जिसकी अखियाँ एक बार बाबा को निहारे।

उसका हृदय बावला बाबा-बाबा पुकारे।।

जो अपने अधरों से बाबा महाराज नाम पुकारे।

उसके रोम-रोम में बाबा महाराज विराजें।।

जिसे लगी बाबा महाराज की मोहनी।

वो भागे बाबा की ओर चाहे पड़े उसे दुनियादारी छोड़नी।।

दोनों भाई बाबा महाराज के इस कदर दीवाने हुए की प्रत्येक रविवार को दर्शन करने आने लगे एवं दर्शन के उपरांत बाबा महाराज के अन्य मंदिर व परेठों का दर्शन करने जाते और किसी तरह व्यवस्था करके पौधे ले आकर परठों में लगाते। देखते ही देखते उन भक्त भाइयों के परिवार की स्थिति सुधरने लगी वो पढ़ाई के साथ-साथ छोटे-छोटे कार्य करने लगे जिससे घर में दोनों वक्त खाने के लिए पर्याप्त व्यवस्था होने लगी। फिर उन दोनों भाइयों ने सरकारी अधिकारी बनने का विचार किया और तैयारी करने लगे। कुछ वर्षों तक प्रयागराज में रहकर तैयारी करते रहे जिसके कारण वो समय भी आ गया जब बड़ा भाई उत्तर प्रदेश लोक सेवा आयोग प्रयागराज द्वारा आयोजित परीक्षा उत्तीर्ण कर पीसीएस बना और उसके कुछ ही दिनों के भीतर छोटा भाई इनकम टैक्स विभाग में बतौर इंस्पेक्टर (निरीक्षक) के पद पर चयनित हुआ। सबसे बड़ी विचारणीय बात यह है कि जिन लोगों के पास दो वक्त खाने की व्यवस्था नहीं थी ऐसे लोग भारत के स्वर्णिम भविष्य की पताखा के ध्वजवाहक बने, इतने उच्च पदों तक पहुंचे। इसकी कोई कल्पना भी नहीं कर सकता था ये तो बाबा महाराज की महिमा है जो उन दोनों भाइयों को उनके अनन्य भक्ति का वरदान दिए एवं जिस प्रकार उनके लगाए गए वृक्ष बाबा महाराज की भूमि में फलीभूत हो रहे हैं उसी प्रकार बाबा महाराज उनके घर में सुख, शांति, समृद्धि, स्वास्थ्य, का फल फलीभूत कर रहे हैं। एक बात बेहद स्पष्टतया कहता हूं जो भक्त बाबा महाराज की सेवा में गागर भर भक्ति करता है बाबा उसे सागर भर सुख, शांति, समृद्धि, स्वास्थ्य, प्रसिद्धि, और अनेक चीजों से संपन्न करते हैं।

22.

बाबा महाराज की कृपा से भक्त हारे हुए मुकदमे जीतते हैं

परम श्रद्धास्पद बाबा महाराज साक्षात् न्याय के देवता हैं। उनका दिव्य दरबार दुनिया के महानतम न्यायालयों से कम नहीं है एवं उनके द्वारा किया गया निर्णय दुनिया की कोई अदालत नहीं बदल सकती क्योंकि उनके द्वारा किए गए निर्णय की कोई लेखबध्द प्रामाणिकता सिद्ध नहीं है, केवल भक्त और उसका विरोधी अपने ज्ञानेंद्रियों से महसूस करके जान सकते हैं। मैंने पहले भी उध्दृत किया है कि बाबा महाराज की लाठी में आवाज नहीं होती पर जिसके ऊपर गिरती है या तो वो संसार से विदा ले लेता है या प्रत्येक पल ईश्वर से धरा से विदा मांगता है। बाबा महाराज के न्यायालय की सबसे अच्छी बात ये है कि उनके न्यायालय में प्रत्येक अपराधी को दंड मिलता है चाहे वो अपना हो या पराया (यहां अपना से तात्पर्य भक्त से है)। एक बेहद दिलचस्प बात ये भी है जो कार्य दुनिया का कोई न्यायालय नहीं करता वो कार्य बाबा महाराज के न्यायालय में होता है अगर कोई दोषी माफी मांग कर अपनी गलती सुधार लेता है तो बाबा उसे माफ कर अपनी शरण में ले लेते हैं।

हारे हुए भक्त का सहारा बनते हैं बाबा महाराज- जब कभी किसी भक्त का कोई मामला किसी न्यायालय में विचाराधीन होता है और भक्त बाबा महाराज की पूजा-अर्चना करता है तो वो निश्चित रूप से विजयी हो जाता है।

इस संदर्भ में बाबा महाराज के चालीसा में दो पंक्ति-

" न्यायालय में सुमिरि मनाई।

श्री सुदिष्ट को ही गुण गाई।।

खड़ा होय हाकिम के आगे।

पावत विजय अवशि ये मांगे।।

कुछ उदाहरण भी उध्दृत करता हूं कि कैसे भक्त बाबा महाराज की कृपा से न्यायालयों में मुकदमे जीते-

पहली कहानी- एक सज्जन उत्तर प्रदेश राज्य सड़क परिवहन निगम में बतौर कंडक्टर नौकरी करते थे। एक समय वो लखनऊ से गौतम बुद्ध नगर जाने वाली बस में सेवा दे रहे थे उसी बीच एक दिन जब वो लखनऊ से गौतम बुद्ध नगर के लिए निकले तो उन्होंने टिकट बनाना शुरू किया सभी यात्रियों का टिकट बनता उसके पहले ही अधिकारियों की एक टीम बस की जांच करने के लिए आ गई और बिना किसी बात को सुने टिकट बनाने में लापरवाही का जिक्र करते हुए अवैध तरीके से पैसे कमाने का आरोप लगाते हुए कंडक्टर महोदय से पैसे की मांग की। कंडक्टर पैसे देने से इनकार करते हुए बोले श्रीमान जी अभी मैंने पूर्ण रूप से टिकट नहीं बनाया है मैं टिकट बना ही रहा था इतने में आप लोग आ गए। मेरा विश्वास कीजिए मैंने टिकट बनाने में कोई लापरवाही नहीं की है और ना ही अवैध वसूली। इसके बावजूद भी अगर आप लोगों को विश्वास नहीं है तो आप लोग जो उचित समझे वो कार्यवाही कर सकते हैं। कंडक्टर की बातों का अधिकारियों पर कोई प्रभाव नहीं पड़ा एवं उन्होंने उसे निलंबित कर दिया। निलंबित होने के बाद कंडक्टर ने विभाग के समक्ष कई बार अपने निर्दोष होने की बात रखता रहा लेकिन विभाग कोई सुनवाई करने को तैयार नहीं था क्योंकि ऐसे मामलों में प्रायः कंडक्टर लोग दोषी पाए जाते हैं वो अपनी जेब गर्म करने के लिए टिकटों में हेर-फेर करते हैं। दूसरी तरफ कंडक्टर के निलंबित होने के कारण उसकी तनख्वाह भी बंद हो गयी थी जिससे उसके परिवार का जीविकोपार्जन भी मुश्किल से हो रहा था। कंडक्टर का मामला माननीय उच्च न्यायालय में पहुंच चुका था उसको समझ नहीं आ रहा था कि वो अपनी बेगुनाही का प्रमाण कोर्ट में कैसे दे। इसी बीच उसे किसी ने बाबा महाराज की अद्भुत महिमा के बारे में बताया जिसे सुनने के बाद कंडक्टर बाबा के धाम दर्शन-पूजन करने पहुंचने लगा। प्रत्येक रविवार चाहे धूप हो या छांव, ओले गिरे या बरसात हो वो बाबा महाराज का दर्शन करता और अपने बाइज्जत बरी होकर नौकरी पाने की गुहार लगाता। सालों बाद जब बाबा महाराज कंडक्टर की भक्ति से प्रसन्न हुए तो ऐसा चमत्कार कर दिए जो किसी

आश्चर्य से कम नहीं था। कंडक्टर के निलंबित होने वाले दिन बस में एक लड़का मोबाइल से खेल रहा था और उसने सारी घटना का वीडियो बना लिया था। अचानक कंडक्टर से उस लड़के के पिता बाबा महाराज के धाम में मिल गए और उसे रोककर उस दिन हुए निलंबन के बारे में पूछने लगे। जब उन्हें पता चला कि कंडक्टर अब तक बरी नहीं हुआ है तो उन्होंने उसको उसके बेगुनाही का वीडियो दिया और बोले इसे मेरे बेटे ने गलती से बना लिया था जो आपके बहाली में मदद करेगा। कंडक्टर जब अपने बेगुनाही का प्रमाण पा गया तो सीधा मंदिर में जाकर बाबा महाराज के श्री चरणों में धन्यवाद ज्ञापित करने लगा क्योंकि उसका हृदय जानता था बाबा महाराज के चमत्कार से ही वो कार्य संभव हो पाया था जिसकी कल्पना स्वप्न में भी नहीं की जा सकती थी। अगली तारीख पर कंडक्टर ने माननीय न्यायमूर्ति के समक्ष वीडियो को पेश किया जिसे देखने के बाद न्यायमूर्ति ने कंडक्टर को दोष मुक्त कर दिया एवं पुरानी देयों के साथ नौकरी बहाल करने का विभाग को आदेश दिया। कंडक्टर पुनः नौकरी करने लगा साथ ही साथ पुराने सारे वेतन को पाने के कारण उसके बहुत से काम हो गए जो लंबे समय से पैसों की कमी के कारण अटके हुए थे।

* इसी कारण कहते हैं जो बाबा महाराज का ध्यान सच्चे मन से करता है बाबा उसके सुमिरन पर न्यायालय के निर्णय भी बदल देते हैं।

इसी प्रकार कई कर्मचारी बाबा महाराज की कृपा से अलग-अलग मामलों में कभी तदर्थ कर्मचारी बहाल हुए तो कभी सिंचाई विभाग के कर्मचारी और कभी बिजली विभाग के कर्मचारी विभाग एवं सरकार से लड़ रहे मुकदमे जीते और नौकरी पाए।

दूसरी कहानी- राम बहादुर नामक एक किसान बाबा महाराज के परम भक्त थे वो प्रतिदिन बाबा महाराज का दर्शन-पूजन करते थे। राम बहादुर दो भाई थे उनके बड़े भाई का नाम राज बहादुर था जो अध्यापक थे। दोनों भाइयों का प्रेम अद्भुत था लोग उनके भ्रातृत्व का उदाहरण दिया करते थे। एक समय राम बहादुर एक जमीन की रजिस्ट्री करा रहे थे। बड़े भाई को बुरा न लग जाए इसलिए उन्होंने जमीन की रजिस्ट्री अपने बड़े भाई राज बहादुर के नाम पर करवा दी। रजिस्ट्री करायी हुयी जमीन पर कुछ समय बाद दोनों भाइयों ने मिलकर एक बेहद शानदार घर बनाया और उसमें रहने लगे। समय बीतने के साथ दोनों भाइयों की उम्र ढ़लने लगी एवं एक दिन अचानक बड़े भाई राज बहादुर का देहांत हो गया। राज बहादुर का एक बेटा अजय था जो वकालत किया करता था। पिता की मृत्यु के पश्चात उसके मन में पाप आ गया जिसके कारण

वो अपने चाचा राम बहादुर को घर से बाहर निकाल कर संपूर्ण घर और जिस जमीन पर घर बना था उसे कब्जा करना चाहता था। राज बहादुर की मृत्यु के बाद जमीन उसके नाम पर स्थानांतरित हो गयी थी जिसके कारण उसका पक्ष मजबूत था, दूसरी तरफ बड़े भाई के सम्मान में जमीन उनके नाम रजिस्ट्री कराने वाले राम बहादुर का पक्ष कमजोर पड़ गया था क्योंकि वैधानिक तरीके से घर और जमीन पर उनका कोई अधिकार नहीं था। बावजूद इन सभी बातों के न्याय पाने के लिए राम बहादुर ने सिविल कोर्ट में मुकदमा किया परंतु वहां भी उनका पक्ष बेहद कमजोर था क्योंकि न्यायालय प्रमाणों पर विश्वास करता है और प्रमाण चिल्ला-चिल्ला कर कह रहे थे जमीन उनके भतीजे अजय की है। जाहिर सी बात है जमीन जिसकी होगी उसपर बना मकान भी उसी का होगा। न्यायालय अपना फैसला सुनाने के लिए अगली तारीख देता है जिसके बाद राम बहादुर भारी मन से घर लौट आए क्योंकि उन्हें आभास हो गया था जमीन और घर दोनों ही उनके हाथ से छूट जाएंगे। दुखी राम बहादुर की पत्नी ने उन्हें सांत्वना दी घबराइए मत बाबा महाराज सब ठीक कर देंगे। इतना सुनते ही मानो राम बहादुर के गालों पर किसी ने तमाचा मारा हो। उनके निराश मन में आशा का दीपक जल उठा और वो स्वयं को कोसने लगे कि मैं निराश कैसे हो गया मेरा तो कोई अहित कर ही नहीं सकता मेरे शीश पर तो बाबा महाराज का हाथ है। यही विचार करते हुए रात्रि के नौ बजे वो भागे-भागे बाबा महाराज के मंदिर में पहुंचे और माफी मांगते हुए बोले-

हे नाथ मुझ शरणागत को माफी दो।
चाहे मुझ अज्ञानी को दंड दो।।
मैंने आप पर अविश्वास जताया था।
आपका हाथ शीश पर होते हुए भी निराशा का दामन पकड़ा था।।
जिसपर कृपा आपकी हो।
निश्चित जीते जीवन रण को वो।।
अब नहीं चिंता मुझको तनिक भर।
चाहे मिले ना मुझको कण भर।।
मेरा मन जाने हर पल।
आप मेरे साथ न होने दे तनिक भर छल।।
हे नाथ आपके श्री चरणों में प्रणाम निवेदित करता हूं।

आपके चमत्कार की अभिलाषा में दिन-रात तड़पता हूं।।

राम बहादुर के करुणा भरे शब्दों को सुनने के उपरांत बाबा महाराज ने अपने भक्त को न्याय दिलाने के लिए मानो अपना सोटा ही चला दिए क्योंकि अजय की पत्नी गर्भ से थी उसका गर्भ गिर गया और अजय को बाबा महाराज ने स्वप्न में न्यायालय के समझ सच्चाई बताने का आदेश दिए। बाबा महाराज के आदेश के उपरांत अजय को भी समझ आ गया था कि उससे बहुत बड़ी गलती हो गयी है। अजय ने अगली सुनवाई में न्यायालय के समक्ष सारी बातें सच्चाई के साथ बताई। जिसके कारण न्यायालय में आधी जमीन एवं आधा मकान राम बहादुर को देने का फैसला सुनाया। राम बहादुर बेहद प्रसन्न थे क्योंकि उनके मेहनत की कमाई से ली गयी जमीन और बनाया घर उन्हें मिल गया जिसके वो हकदार थे इसके अलावा उनके भतीजे को अपनी गलती का एहसास भी हो गया था। जिसके कारण उनका भतीजा उनसे बारंबार माफी मांग रहा था। ये सब कुछ बाबा महाराज की कृपा से ही संभव हो पाया था अन्यथा राम बहादुर को उनके हक की जमीन और घर कभी ना मिलता।

राम बहादुर तो बाबा के परम भक्त थे ही अब अजय भी बाबा का परम भक्त हो गया था क्योंकि बाबा ने उसे अपने पिता तुल्य चाचा का हक लेने के पाप से बचाया था। अजय प्रायः बाबा महाराज का दर्शन-पूजन करने लगा जिसके कारण बहुत जल्द बाबा की कृपा से उसे जुड़वा संतानों की प्राप्ति हुई। बाबा महाराज का न्याय दिव्य है जिसकी कल्पना भी बेहद मुश्किल है क्योंकि "कब बाबा महाराज न्याय देने के लिए वज्र से ज्यादा कठोर हो जाएंगे और न्याय देने के बाद कमल के पुष्प की भाँति कोमल हो जाएंगे।"

धन्य है बाबा महाराज की महिमा और धन्य है उनका न्याय जो बदले दुनिया की ताकतवर से ताकतवर न्यायालयों के फैसले।

23.

निसंतान को संतान देने वाले बाबा महाराज

कुछ समय पहले एक सज्जन जो माननीय इलाहाबाद उच्च न्यायालय में महा-रजिस्ट्रार के पद पर कार्यरत थे। महा-रजिस्ट्रार जी के पास सांसारिक जीवन में वो प्रत्येक वस्तुएं थी जो एक सफल व्यक्ति को चाहिए परंतु उनके जीवन में एक ऐसी चीज की कमी थी जिसके कारण सब कुछ होते हुए भी उनका जीवन खाली था। अब तक आपमें से अधिकांश पाठक समझ गए होंगे कि मैं किस ओर इशारा कर रहा हूं अगर नहीं समझे तो मैं आप सभी के जिज्ञासा को ये बताकर समाप्त कर देता हूं कि महा-रजिस्ट्रार जी को शादी के वर्षों बाद भी कोई संतान नही था। ये कहना बिल्कुल गलत नहीं होगा कि बिना संतान के संसार की बड़ी से बड़ी उपलब्धि व्यर्थ लगती है और सभी सुखों के होते हुए भी जीवन नर्क लगता है। इन्हीं कारणों से महा-रजिस्ट्रार महोदय सांसारिक जीवन से निराश थे। उन्होंने अपने विवाह के लगभग पंद्रह वर्षों के दौरान वो सारे प्रयत्न कर लिए थे जिससे उन्हें संतान सुख की प्राप्ति हो सके परंतु कोई भी कोशिश सफल न हुयी थी। उन्होंने अपनी पत्नी को अच्छे से अच्छे डॉक्टर को दिखाया इसके अलावा पूजा-पाठ ग्रह शांति एवं अनेकानेक चीजें की थी यद्यपि जो भी किसी ने करने की सलाह दी वो उन्होंने किया। यहां तक उन्होंने आईवीएफ की भी मदद ली परंतु वहां भी उन्हें किन्हीं कारणों से असफलता ही मिली जबकि प्रायः आईवीएफ ऐसे मामलों में सफल ही रहता है, बहुत कम ही आईवीएफ पद्धति विफल होती है। प्रत्येक प्रयासों की असफलताओं के कारण महा-रजिस्ट्रार महोदय एकदम हताश होकर पिता बनने की उम्मीद छोड़ दिए और सत्य को स्वीकार कर अपना ध्यान उस ओर से हटाने लगे परंतु इसी बीच उनसे मिलने उनके एक मित्र आए जिन्हें उनके बारे में सब कुछ मालूम था। मित्र को देखकर महा-रजिस्ट्रार महोदय

के सब्र का बांध टूट गया और उनके नैनों से अश्रु छलक पड़े जिसको देखकर उनके मित्र उनसे बोले मित्र आप बेवजह चिंता करते हैं, निराशा का दामन छोड़ दीजिए रही बात संतान प्राप्ति की तो वो आपको अवश्य प्राप्त होगा। अपने मित्र की बातों को सुनते ही महा-रजिस्ट्रार महोदय क्रोधित स्वर में बोले आप मेरा उपहास बना रहे हो जिसका मिलना संभव ही नहीं है उसके मिलने की मुझे सांत्वना दे रहे हो। आप मेरे मित्र हैं या शत्रु अगर आप मेरे जख्मों पर हल्दी का लेपन नहीं कर सकते तो उन्हें नमक से कुरेदिए मत। इसके उत्तर में उनके मित्र ने कहा मैं आपका मित्र ही हूं और आपके किसी जख्म पर नमक नहीं कुरेद रहा हूं यद्यपि उस चमत्कार की बात कर रहा हूं जो आपके साथ हो सकता है एवं आप पिता बन सकते हैं। महा-रजिस्ट्रार महोदय ने विचार किया कि मेरे नाराज होने पर भी अगर मेरा मित्र कह रहा है तो कुछ ऐसा होगा जिसे मुझे जानना चाहिए कि किस विश्वास से ये इतनी बड़ी बात कह रहे है क्योंकि बड़े से बड़ा डॉक्टर आईवीएफ और सबसे बड़ी बात मेरे वर्षों की भक्ति भी जो नहीं कर पायी उसको ये संभव बता रहे हैं। महा-रजिस्ट्रार महोदय ने अपने मित्र से कौतूहल के साथ पूछा अच्छा बताइए कैसे मुझे संतान प्राप्ति हो सकती है। इस प्रश्न का उनके मित्र ने जवाब दिया आपके इसी शहर प्रयागराज के मेजा क्षेत्र में परम पूज्य श्री सुदिष्ट ब्रह्म देव (बाबा महाराज) का दिव्य दरबार है जहां सभी की मनोकामनाएं पूर्ण होती हैं। जो भक्त सभी जगह से निराश हो जाता है बाबा महाराज के धाम में उसकी बिगड़ी बनती है। आप प्रत्येक रविवार वहां जाइए और बाबा महाराज को अपनी मनोकामना सुनाइए। मुझे विश्वास है प्रत्येक रविवार दर्शन-पूजन करने से आपको संतान सुख की प्राप्ति होगी। अपने मित्र की उत्साहवर्धक बातों को सुनने के उपरांत महा-रजिस्ट्रार महोदय के अंतःकरण में पुनः आशा की ज्योति जल उठी एवं उन्होंने सपत्नीक प्रत्येक रविवार परम श्रद्धास्पद श्री सुदिष्ट बाबा महाराज के धाम पहुंचकर दर्शन-पूजन करना प्रारंभ कर दिए। प्रथम दर्शन के दौरान ही बाबा महाराज ने संतान विहीन दंपती को अपना बना लिए या यूं कहूं अपने मोहनी का जादू चला दिए।

दो पंक्ति प्रस्तुत करता हूं-

जिसके नैना बाबा महाराज को निहारे।

बाबा महाराज उसके मन को निहारे।।

बाबा महाराज से जिसको लगी आश।

बाबा महाराज करते उसके दुखों का नाश।।

सालों बीतता गया परंतु महा-रजिस्ट्रार महोदय व उनकी पत्नी ने बाबा महाराज का पीछा नहीं छोड़ा। उन दोनों को पूर्ण विश्वास हो गया था कि बाबा महाराज उनकी झोली में संतान सुख अवश्य डालेंगे और वही हुआ। उनका विश्वास फलीभूत हुआ। बिना किसी दवाई के प्राकृतिक तरीके से महा-रजिस्ट्रार महोदय व उनकी पत्नी को पुत्र रत्न की प्राप्ति हुई। ये घटना दिव्य चमत्कार थी क्योंकि जिसको सभी वैज्ञानिक विधाएं असंभव कह रही थी वो संभव हो गया।

इस संदर्भ में चालीसा में दो पंक्ति लिखी गयी है जो इस प्रकार है-

मनवांछित फल अवशिसौ पावै।

ब्रह्म सुदिष्टहिं ध्यान जो लावै।।

पुत्र कामना करि जो ध्यावै।

पाय पुत्र उर मोद बढ़ावै।।

अर्थात्- बाबा महाराज का ध्यान करने से मन की इच्छाएं पूर्ण होती हैं और जो पुत्र की इच्छा से ध्यान करता है उसे पुत्र की प्राप्ति होती है जिससे पुत्र प्राप्त करने वाला अपनी खुशी बढ़ाता है।

महा-रजिस्ट्रार महोदय की तरह कई लोगों ने पूज्य बाबा महाराज की कृपा से संतान सुख की प्राप्ति की एवं कई भक्तों को दादा-दादी एवं नाना-नानी बनने का सौभाग्य ऐसी अवस्था में प्राप्त हुआ जब ऐसा संभव हो पाना किसी असंभव से कम नहीं था। इससे एक बात तो बेहद स्पष्ट हो जाती है बाबा अपने भक्तों के लिए "किस्मत की लिखावट बदल देते हैं, ग्रहों की दिशा परिवर्तित कर माताओं की गोद भर देते हैं।"

"धन्य हैं बाबा महाराज और धन्य है उनकी महिमा।"

24.

विद्यार्थियों को उत्तम सफलता देने वाले बाबा महाराज

लगभग एक दशक पहले प्रतापगढ़ का एक विद्यार्थी इलाहाबाद विश्वविद्यालय से बी.ए. की पढ़ाई कर रहा था। विद्यार्थी सरकारी अधिकारी बनकर लोगों के लिए कुछ करना चाहता था इसलिए वो संघ लोक सेवा आयोग के परीक्षाओं की तैयारी करता था। इसी दौरान विद्यार्थी ने बी.ए. की परीक्षा उत्तीर्ण कर ली परंतु बी.ए. के अंक संतोषजनक नहीं थे बावजूद इसके वो बिना निराश हुए संघ लोक सेवा आयोग द्वारा आयोजित अखिल भारतीय सेवा में चयनित होने के लिए मेहनत करता रहा। परीक्षा की तैयारी करते हुए उसने परीक्षा का आवेदन कर दिया। परीक्षा का समय आया एवं विद्यार्थी ने प्रारंभिक परीक्षा दी परंतु सफलता उसे नहीं मिली। जिससे वो निराश हो गया उसके मन में तरह-तरह के विचार चलने लगे। जो इस प्रकार थे- मैं बेकार हो गया, मैं क्या करूंगा, किसी तरीके से मैंने साधारण अंको के साथ हाईस्कूल, इंटरमीडिएट, बी.ए. पास किया और अब मेरी कश्ती बीच मझधार में फस गयी। पहली बार जिसके लिए मैंने पढ़ना शुरू किया उसमें भी मुझे असफलता मिली यद्यपि मैं तो उसके पहले चरण में भी उत्तीर्ण ना हों सका। लोगों के लिए कुछ करने का मेरा विचार धरा का धरा रह गया और मैं दुनिया की नजरों में सम्मान के लायक भी ना रहा। इन्हीं बातों को सोचते-सोचते उसके नैनों में आंसू भर आए और वो सो गया परंतु अगले प्रातः उसने विचार किया कि मैं एक बार और कोशिश करूंगा, हो सकता है मुझे सफलता मिल जाए। उसने बिना देर किए तैयारी शुरू कर दी एवं तैयारी में कोई कमी ना रह जाए इसलिए विद्यार्थी ने प्रयागराज में संघ लोक सेवा आयोग की तैयारी कराने वाले एक

प्रतिष्ठित संस्थान में दाखिला ले लिया। इसी दौरान तैयारी करने वाले संस्थान में ही उसे मालूम चला शहर से पच्चास किमी. दूर मेजा क्षेत्र के बिसेनपुर, परानीपुर गांव में परम पूज्य श्री सुदिष्ट बाबा महाराज का मंदिर है जो प्रत्येक याचक की मनोकामनाएं पूर्ण करते हैं। जो कोई भी भक्ति भाव से उनके दर पर जाता है वो खाली हाथ नहीं लौटता। बाबा महाराज सबकी झोली खुशियों से भरते हैं। अपनी कृपा से पल में राजा को रंक एवं रंक को राजा बनाने का अद्भुत चमत्कार भी करते हैं। इतना सुनते ही विद्यार्थी ने बाबा महाराज का दर्शन करने का दृढ़ संकल्प ले लिया तदुपरांत बिना देर किए अगले ही दिन बाबा के दरबार में पहुंचा और दर्शन-पूजन किया। बाबा महाराज के अलौकिक रूप और उनके बारे में सुनी हुयी कहानियों से वो प्रभावित था परंतु दूसरी तरफ उसका मन मंदिर के सन्नाटे को देखकर आश्चर्य में पड़ गया। वो सोचने लगा जिनकी महिमा की कीर्ति पताख यहां से पच्चास किमी. दूर शहर में भी लहरा रही है उनका दरबार खाली है। अपने मन में उठे सवालों का जवाब जानने के लिए उसने आस-पास के लोगों से पूछा तो पता चला बाबा महाराज को रविवार बहुत प्रिय है इसी कारण लोग उसी दिन अपनी मनोकामनाएं लेकर दरबार में आते हैं एवं बाबा सबकी मनोकामनाएं पूर्ण करते हैं। इन सभी बातों को जानने के बाद विद्यार्थी ने कौतूहल के साथ ग्रामीणों से पूछा जैसे मैंने आज दर्शन किया तो बाबा महाराज मेरी विनती सुनेंगे। ग्रामीणों ने बताया बाबा तो प्रत्येक पल यहां आसीन है और तुम्हारी विनती अवश्य सुनेंगे जो उनकी पूजा सच्चे मन से करता है एवं उनकी चालीसा पढ़ता उसका कल्याण जरूर होता है। ग्रामीणों की बातें सुनने के उपरांत विद्यार्थी मंदिर में जाकर चालीसा पढ़ने लगा।

चालीसा पढ़ने के दौरान एक प्रसंग आता है जो इस प्रकार है-

खिचड़ी और जनेऊ चढ़ाई।
बालक है जो करत पढ़ाई।।
करत प्राप्त अति उत्तम शिक्षा।
अवशि होत है पास परीक्षा।।

इस प्रसंग को पढ़ने के बाद विद्यार्थी बहुत प्रभावित हुआ जिसके कारण वो प्रत्येक रविवार के प्रातः बाबा महाराज का दर्शन करने आता और खिचड़ी व जनेऊ चढ़ाता। बाबा महाराज की शरण में रहते हुए उसने पुनः आवेदन किया जिससे उसे

उत्तम सफलता मिली और वो भारतीय प्रशासनिक सेवा में चयनित हुआ। बाबा महाराज के आशीर्वाद से ऐसा व्यक्ति जो कभी तृतीय श्रेणी की रेखा पार कर द्वितीय श्रेणी पर नहीं पहुंचा वो दुनिया की कठिन परीक्षाओं में से एक संघ लोक सेवा आयोग की अखिल भारतीय सेवा में शीर्ष के सौ विद्यार्थियों की सूची में शामिल था। ये किसी चमत्कार से कम नहीं था। सरकारी अधिकारी बनने के बाद विद्यार्थी ने बाबा महाराज को धोती, खड़ाऊ, जनेऊ, लंगोट, खिचड़ी, घंटा, इत्यादि चढ़ाया और पूजा करायी। विद्यार्थी अधिकारी बनने के वर्षों बाद आज भी कहते हैं मैं तो नाकारा था। अगर बाबा की कृपा ना होती तो मैं पुनः असफल हो जाता ये सब उन्हीं के चमत्कार से हुआ है और लोगों की सेवा करके मैं उनके चमत्कार का मान रख रहा हूं।

ऐसे अनगिनत विद्यार्थियों को बाबा महाराज ने उत्तम सफलता दी है ना केवल बड़ी परीक्षाओं में यद्यपि कोई भी विद्यार्थी किसी भी परीक्षा में सफलता के लिए उनका ध्यान करता है तो उसे सफलता अवश्य मिलती है। उदाहरणार्थ- कुछ दशकों पहले यू.पी.बोर्ड के हाईस्कूल व इंटरमीडिएट के कई छात्र प्रायः अनुतीर्ण हो जाते थे तो आने वाले वर्ष में कड़ी मेहनत और बाबा महाराज की पूजा करने से उन्हें सफलता प्राप्त हो जाती थी। एक बात भी बेहद स्पष्ट बता देना चाहता हूं बाबा उसी विद्यार्थी की मदद करते हैं जो वास्तविकता में मेहनत करके सफल होना चाहता है। बाबा महाराज मार्ग में आ रही बाधाओं और समस्याओं को दूर करते हैं परंतु मार्ग की दूरी विद्यार्थियों को स्वयं तय करनी होती है।

25.

वर्तमान मंदिर का विकास एवं चहुँदिस फैली ख्याति

परम पूज्य बाबा महाराज के दरबार की ख्याति चहुँदिस फैली हुयी है इसी कारण मंदिर में बाबा महाराज का दर्शन करने प्रत्येक रविवार को कई हजार दर्शनार्थी आते हैं। पंडित जगन्नाथ शुक्ला (द्विज जी) द्वारा निर्मित मंदिर पुरानी व्यवस्था को मद्देनजर रखते हुए बनाया गया था। जिसके कारण वर्तमान समय में भक्तों को दर्शन करने में समस्या होने लगी थी। समस्या का निदान करने के लिए बाबा महाराज के सभी भक्तों के सहयोग से पत्थर के भव्य मंदिर का निर्माण कराया जा रहा है जो अपने अद्भुत कलाकृति के लिए प्रसिद्ध है। एक बेहद दिलचस्प बात ये है कि बाबा महाराज बावन बीघा जमीन के अधिपति हैं इसी कारण मंदिर की ऊंचाई बावन फ़ुट है एवं शीर्ष पर अष्टधातु से निर्मित कलश स्थापित करने की व्यवस्था की गयी है। मंदिर अपने दिव्य अलौकिक रूप में प्रभायुक्त हो रहा है। मंदिर में एक बड़ा प्रांगण भी स्थित है जो भक्तों के लिए पूजा-पाठ करने में विशेष मददगार होता है। अनेक श्रद्धालु भक्त कथा, कीर्तन, रामायण, सुंदरकांड इत्यादि इसी प्रांगण में कराते रहते हैं एवं रविवार को पूरा प्रांगण कथा कराने वालों से भरा रहता है। मंदिर के एकदम निकट विशाल हवन कुंड है जिसमें भक्त हवन करते हैं। मंदिर के नजदीक कई धर्मशालाएं निर्मित है इनमें से कुछ पुरानी है एवं कुछ नई बनी हैं जो दर्शनार्थियों और साधु-संतों द्वारा उपयोग में ली जाती है। भक्तों के चंदे से विकास में नित नए कार्य कराए जा रहे हैं जो अद्भुत ब्रह्मपुरी के निर्माण की ओर अग्रसर है।

बाबा महाराज के बाकी परठों में भी भक्त अपने श्रद्धा अनुसार मंदिरों का विकास कार्य करा रहें हैं एवं तीन परठों में भी धर्मशाला का निर्माण हो गया है। बाबा महाराज के सभी मंदिरों में भक्त नित दर्शन-पूजन करते हैं।

बाबा महाराज के धाम में घंटा चढ़ाने की गाथा- परम पुज्य बाबा महाराज के मुख्य समाधि स्थल पर वर्ष में कई हजार घंटे चढ़ते हैं। कई भक्त तो इक्कीस किलो व ग्यारह किलो के घंटे चढ़ाते हैं जो बाबा की दिव्य महिमा का प्रताप है। जिन भक्तों की मनोकामनाएं पूर्ण होती हैं वो घंटा बांधते हैं एवं कुछ भक्त कार्य की सिद्धि के लिए घंटे बांधने की मन्नत रखते हैं। मंदिर के विकास में इन घंटों का भी विशेष योगदान है।

भक्त श्रद्धा अनुसार कई मूल्यवान वस्तुएं बाबा महाराज के श्री चरणों में चढ़ाते हैं- बाबा महाराज के कई भक्त उनके श्री चरणों में चांदी के खड़ाऊ चढ़ाते है जो बाबा के चौरा पर लगे हैं। इसके अलावा चांदी का छत्र व चांदी का मुकुट बाबा के पिंडी पर हमेशा सुशोभित होता है जो बाबा के मंदिर के स्वर्णिम गाथा का अलौकिक रूप है। भक्त अपने श्रद्धा अनुसार परमपूज बाबा महाराज के श्री चरणों में अनेक मूल्यवान वस्तुएं समर्पित करते रहते हैं।

बाबा महाराज के धाम में विशाल मेले का आयोजन- प्रत्येक रविवार मंदिर में होने वाली भीड़ को मद्देनजर रखते हुए एक विशाल मेले का आयोजन होता है जिसमें दूर-दूर से सैकड़ो दुकानदार अपनी दुकान लेकर आते हैं। प्रत्येक दुकानदार मेले में अच्छी कमाई करते हैं जिससे सप्ताह के बाकी दिनों में उनका जीविकोपार्जन आसान हो जाता है। परम कृपालु बाबा महाराज अपनी कृपा से बहुत से भक्तों का मेले के माध्यम से भरण-पोषण करते हैं। रविवार का दिन ग्रामीणों के लिए त्योहार की तरह होता है जिसे वो पूर्ण आस्था के साथ मनाते हैं।

परम श्रद्धास्पद बाबा महाराज का मंदिर विकास के नित नए आयाम प्राप्त कर रहा है। जिसकी जितनी भी व्याख्या की जाए वो कम है एवं उनकी चहुँदिश फैली ख्याति की कल्पना आप सभी ऊपर के अध्यायों में वर्णित कहानियों के माध्यम से कर सकते हैं।

वर्तमान मन्दिर का परिदृश्य

वर्तमान मन्दिर